Jakob Michael Reinhold   Lenz

Der Landprediger

Jakob Michael Reinhold Lenz

Der Landprediger

ISBN/EAN: 9783337355845

Hergestellt in Europa, USA, Kanada, Australien, Japan

Cover: Foto ©Lupo / pixelio.de

Weitere Bücher finden Sie auf **www.hansebooks.com**

Der Landprediger

Jakob Michael Reinhold Lenz

Erster Teil

Ich will die Geschichte eines Menschen erzÄhlen, der sich

wohl unter allen mÖglichen Dingen dieses zuletzt vorstellte, auf den Flügeln der Dichtkunst unter die Gestirne getragen zu werden.

Mannheim ward von seinem Vater, einem Geistlichen im Thüringischen, auf die Universität geschickt. Er hatte sich dem geistlichen Stande gewidmet, nicht sowohl um seinem Vater Freude zu machen, als weil er sich dazu geboren fühlte. Von Kindheit an waren alle Ergötzungen, die er suchte, die Ergötzungen eines alten Mannes und ihm nicht besser als in einer Gesellschaft, wo Tabak geraucht und über gelehrte Sachen disputiert wurde. Seines Vaters Predigten schrieb er aus eigenem Trieb nach und hielt sie insgeheim bei verschlossenen Türen, nachdem er seines Vaters Perücke aufgesetzt und seinen Mantel umgetan, dem Perückenstock und Kleiderschrank wieder vor. Er fiel halb ohnmächtig nieder, als sein Vater mit einer großen Gesellschaft von Landpfarrern ihn einmal belauscht hatte und die Tür plötzlich mit dem Hauptschlüssel aufmachte.

Diese Freude aber ward dem guten alten Mann sehr versalzen. Er war ein großer Freund der Dogmatik und der Orthodoxie und hatte sich deswegen mit seinem kleinen Johannes sehr viel Mühe gegeben. Bei unsern leichtsinnigen Zeiten fürchtete er nichts so sehr, als daß sein Sohn, sobald er dem väterlichen Auge entrückt würde, auf den hohen Schulen von herrschenden freigeisterischen und sozinianischen Meinungen angesteckt werden möchte. Denn ob er gleich den Sozinus nie gelesen und nur aus Walchs Ketzerliste kannte, so hatte er doch einen solchen Abscheu vor ihm, daß er alle Meinungen, die mit seinen nicht übereinstimmten, sozinianisch nannte. Er nahm demzufolge alle mögliche Präkautionen und empfahl ihn zum strengsten den Lehrern, die er selbst gehabt hatte, oder von denen er wenigstens mit Überzeugung wußte, daß sie in die Fußstapfen ihrer Vorgänger getreten waren. Zugleich warnte er ihn, mit allen Schreckbildern, die in seiner Imagination waren und damals auf den jungen Zögling großen Eindruck machten, vor nichts so sehr als vor allen Gesellschaften junger Leute, besonders derer, die die Modewissenschaften trieben, empfahl ihm den Umgang seiner Professoren, malte ihm die Aussicht seiner Wiederkunft mit den reizendsten Farben, worunter sogar den schönen Augen der Tochter seines Propstes eine Stelle vergönnet wurde, die sich so oft nach dem kleinen Johannes wollte erkundigt haben und ihm beim Abschiede einen schönen rotseidenen Geldbeutel strickte, dem zu Gefallen er, seit der Zeit bis zu seiner Beförderung, immer in den Hosen geschlafen hat.

Johannes Mannheim gab seine Empfehlungsschreiben ab, aber ach! er fand die Männer, an welche sie gerichtet waren, sehr unterschieden von dem Bilde, das ihm seine Einbildungskraft zu Hause mit so feierlichem Heiligenschein um sie her von ihnen vorgezaubert. Ein Umstand kam dazu, den ich als Geschichtschreiber nicht aus den Augen lassen darf, weil in der Knospe des menschlichen Lebens jeder Keim, jedes Zäserchen oft von unendlichen Folgen bei seiner Entwickelung werden kann. Und so wird die Abweichung einer halben Sekunde von dem vorgezeichneten Wege in der Kindheit oft im Alter eine Entfernung von mehr als 90 Graden, und die Entscheidung der aus den übrigen Voraussetzungen der Erziehung und der Umstände unerklärbarsten Phänomene.

Damit ich also meinen Kollegen, den Philosophen über menschliche Natur und Wesen, manches Kopfbrechen über meinen Helden erspare, muß ich ihnen hier zum Vorschub sagen, daß einer von den Freunden des alten Mannheim nicht allein ein großer Landwirt im kleinen war, sondern auch gar zu gern von der Verbesserung seiner Haushaltung und Einkünfte allgemeine Schlüsse machte, die sich auf das Gebiet seines Landesherrn, und, wenn er warm ward, auf das ganze Heilige Römische Reich ausdehnten. Er las dannenhero zu seiner Gemütsergötzung alles, was jemals über Staatswirtschaft geschrieben worden war, schickte auch oft Verbesserungsprojekte ohne Namen, bald an den Premierminister, bald an den Präsidenten von der Kammer, auf welche er noch niemals Antwort erhalten hatte. Indessen schmeichelte er sich doch in heitern Stunden mit der angenehmen Hoffnung, daß sie für beide nicht könnten ohne Nutzen gewesen sein und daß unbemerkt zum Wohl des Ganzen mitzuwirken der größte Triumph des Weisen wäre. Dabei befand er sich um nichts desto übler. Das ewige Anspornen des allgemeinen Wohls machte ihn desto aufmerksamer auf sein Privatwohl, welches er als den verjüngten Maßstab ansah, nach welchem er jenes allein übersehen und beurteilen konnte.

Dieser glückliche Mensch, der mit allen diesen kameralistischen Grillen auch einige angenehme Talente besaß, in verschiedenen modernen Sprachen las, zeichnete und die Harfe spielte, hatte besonders viel Geschmack an dem offenen Kopf und der Lernbegierigkeit des kleinen Johannes gefunden und ihn daher in den Schulferien zu ganzen und halben Monaten zu seinem einzigen Gesellschafter gemacht, wobei unser kleine Altkluge sich unvergleichlich wohl befand, denn im Grunde war auch dieser Mann reicher und wohlhäbiger als sein Vater, und lebte auf einem Fuß, der sich den Sinnen unsers Dogmatikers auf sein ganzes Leben lang einschmeichelte. Auch mußte er seinen Rambach immer wieder von vorne anfangen, wenn er nach Hause kam.

Nun hatte er sich, wie es nicht fehlen konnte, aus alledem,

was sein Vater jemals von Kompendien mit ihm getrieben hatte, vom Heilmann an bis zum Baier und Dieterikus, seine Religion nach seinem Herzen zusammengesetzt. Diese war, um von der glücklichen Simplizität der Empfindungen unsers Lieblings eine Idee zu geben, in wenig Worten folgende: daß Gott litte, wenn wir sündigten, und daß er auferstünde und gen Himmel führe, wenn wir andere glücklich machten. Wie sein Freund aber, der kameralistische Landpfarrer, nahm er immer sein eigenes Glück zum verjüngten Maßstabe desjenigen an, das er andern verschaffen wollte.

Nach diesen einfachen Religionsbegriffen konnte es nicht fehlen, er mußte in den Kollegien der Herren, an die er von seinem Vater empfohlen war, in den ersten drei Wochen unerträgliche Langeweile finden. Sie machten ihn alle die Schritte zurückmessen, die er voraus hatte, und führten ihn durch ein entsetzlich ödes Labyrinth von Schlüssen von der Wahrheit zu der Wahrscheinlichkeit zurück, mit der er den Religionsspöttern zu Gefallen nun durchaus sich den Kopf nicht zerbrechen wollte, weil er in dem festen Glauben stand, daß ein Religionsspötter nicht bekehrt werden kann, wenn er nicht will, und daß sich auf den Willen durch keine Schlüsse wirken läßt. Aller Warnungen seines Vaters ungeachtet also ward er noch in den Prolegomenen seiner dogmatischen Feldherren gegen die Religionsspötter ein förmlicher Ausreißer, und studierte die Kameralwissenschaften, die Chymie und die Mathematik, deren praktischer Teil eigentlich seine Erholungsstunden beschäftigte.

Es fanden sich sogleich Amanuenses der Herrn Professoren, die alle seine Gänge auskundschafteten und ihren Archonten die neue Einrichtung seiner Studien aufs Haar berichteten. Denen Lesern zu Gefallen, die die deutschen

6

Akademien nicht kennen, muß ich den Ausdruck Amanuensis erklären. Es sind gewöhnlicherweise Baurensöhne, die den Professoren anfänglich die Füße bedienen, nach und nach aber durch den Einfluß der Atmosphäre, in der sie sich mit ihren Herren herumdrehen, einen solchen Anteil ihres Geistes erhalten, daß sie sie zu ihrer Hand abrichten können, die Gelder für die Kollegien einzusammeln, und, wenn einer von den bekannten Gesichtern in den Hörsälen, wo sie gemeinhin nur die Stühle einreichen, wenn Fremde kommen, zu fehlen anfängt, ihm so lange auf die Spur zu gehen, bis sie den Räuber entdeckt haben, der ihn ihrer Schule abspenstig gemacht hat. Alsdann wird alles angewandt, ihn wieder auf den rechten Weg zu bringen, Briefe an die Seinigen, bisweilen auch anonyme Briefe von verborgener Freundeshand, Erinnerungen am schwarzen Brett und in den Programmen, und, wenn nichts verschlägt, bei der nächsten erhaschten Veranlassung, eine Zitation durch die Hand des unermüdeten Pedellen.

Alle diese Besorgnisse schreckten unsern Johannes nicht. Er ging den Gang seines Herzens und der Bannstrahl in den Briefen seines Vaters selbst, so innig er ihn verehrte, konnte ihn nicht davon abbringen. \XDCberall ward der gute arme Alte bedauret, wegen der üblen Nachrichten, die von seinem Sohne einliefen. Bald hieß es, er habe sich verheiratet, bald, er habe sich aus dem Staube gemacht: umgesattelt hatte er wenigstens dreimal, und, wegen lüderlicher Wirtschaft, Schulden und Duelle, das Consilium abeundi mehr als dreimal erhalten. Unterdessen hatte er sich bei einem königlichen Amtmann eingemietet, mit dem er von Zeit zu Zeit, so oft es seine Stunden erlaubten, Ausschweifungen aufs Land machte und die Ausübung dessen studierte, wovon ihm die Theorie der Ökonomisten doch nur sehr dunkle Vorstellungen gab. Dieser Amtmann hatte ein Haus in der Stadt, wo seine Familie wohnte, derweilen er seinen gewöhnlichen Aufenthalt auf dem Lande nahm und nur im Winter, wenn die meisten landwirtlichen Arbeiten vorbei waren, sich in dem Schoß seiner Gattin und Kinder von den Mühseligkeiten des Lebens erholte. Mit diesen lebte unser Johannes, derweil die Ungewitter des öffentlichen Rufs unbemerkt hoch über Ihm wegstürmten, in goldener Zufriedenheit. Auch hatte er Gelegenheit, bei ihnen alles zu sehen und anzunehmen, was Überfluß, Bequemlichkeit und Geschmack den Sitten, den Manieren und der ganzen Summe unserer Gefühle Feines und Gefälliges mitzuteilen pflegen.

Er war einigemal mit ihnen auf Bällen gewesen und durch sie auf diesen in Verbindungen geraten, wo er die große Welt kennen lernen konnte, nicht um in ihr nach etwas zu streben, sondern um sich den falschen Firnis zu benehmen, den die Imagination der geringern Stände gemeinhin sich um die höheren lügt und der dem Gefühl ihres eigenen Glücks so gefährlich ist. Er lernte Personen von Verdienst unter diesen kennen, die sich in jeder Maske, in der die Vorsehung sie auf die große Schaubühne der Welt gestellt hat, immer gleichsehen, und sie nahmen ihm das Vorurteil, das sich zu den überspannten Vorstellungen, die wir vorhin angemerkt haben, so gern hinzuzugesellen pflegt, daß jedermann, der dem Range nach über uns steht, eben dadurch alle persönliche Hochachtung verlieren müsse. Er fühlte das große Prinzipium der Gleichheit alles dessen, was gleich denkt, das durch alle Stände und Verhältnisse geht, und nur dem Neide und der Unwissenheit durch äußere Dekorationen entzogen wird.

Unterdessen erschollen zu Hause die allerunangenehmsten und kränkendsten Nachrichten für einen Geistlichen. Johannes, der viel mit Offizieren lebte, sei unter die Soldaten

gegangen; andere versicherten, er gehe mit niemand als dem
Adel um und sei willens, sich adeln zu lassen. Sein Vater,
ohne auch nur die Unmöglichkeit von alledem zu ahnden,
erschrak über alle diese Gerüchte, als ob sich an ihnen gar
nicht mehr zweifeln ließe. Endlich wurden alle seine
Befahrungen, wie durch einen Donnerschlag, durch einen
Brief bekräftigt, den er von Johannes aus Genf erhielt,
wohin er einen Jungen von Adel auf seinen Reisen begleitet
hatte.

Des Propstes Tochter hatte anfänglich eine heimliche Freude
darüber. Luzilla, dieses war ihr Name, war bis in ihr
zwölftes Jahr die Bewunderung und der Neid—bloß ihrer
eigenen Gedanken und des Spiegels gewesen, das heißt, sie
war auf dem Lande erzogen und kannte die Stadt nur aus
den Romanen. Man hatte ihr nichtsdestoweniger
Singmeister und Sprachmeister gehalten, die sich ihr Vater
mit großen Unkosten aus der Stadt verschrieb. Alles, was sie
bisher von Johannes aus der Fremde gehört, hatte ihr, des
Wehklagens seines, und des teilnehmenden Bedaurens ihres
Vaters ungeachtet, sehr wohl gefallen. Zu wissen stehet, daß
ihr Vater ein alter Mann war, der sich, wegen Zähnemangels
und aus Liebe zur Ruhe, unaufhörlich mit dem Gedanken
trug, sich einen Gehülfen an seiner Pfarre zu nehmen. Es
war ihm also gar nicht recht, daß unser Johannes, für
dessen Glück er die Gewährung auf sich genommen, so lang
in der Fremde blieb.

Luzilla, in diesem Stück ihres Vaters wahre Tochter, hatte
doch, in Ansehung der Art dieses Glückes und der
Entwürfe zu demselbigen, von ihrem Vater sehr abgehende
Meinungen. Ein junger Offizier wäre ihr in aller Absicht viel
lieber gewesen, als ein junger Pfarrer.—Dieses währte, bis sie
in die Stadt kam, da sie dann sehr geschwind das Subjekt
mit dem Prädikat verwechseln lernte. Ich brauche diese

Worte hier deswegen, weil ihr Vater, der ein vollkommenes Frauenzimmer aus ihr bilden wollte, sich alle Mühe gab, ihr die Wolfische Logik beizubringen, von der er zur Metaphysik und von dieser zur Moral übergehen wollte. Aber ach! ein unvorgesehener Zufall durchschnitt diesen schönen Plan. Eine Kusine von ihr in Holland fing eine Korrespondenz mit ihr an; es war ein Elend, daß weder Vater, noch Tochter, noch irgend ein andrer Gelehrter aus der ganzen Gegend ihr den Brief dechiffrieren konnte. Nun war kein Rat dafür, das arme Kind mußte Französisch lernen.

Sie ward in die Stadt zu einer Französin getan, die Kostgängerinnen hielt, und, weil sie vermutlich ehedessen die Haushälterin eines mestre de camp gewesen war, sich sehr bescheiden Me. de Liancourt schlechtweg nennen ließ. Auch hatte alles, was von beau monde in der Stadt war, freien Zutritt zu ihr, worunter verschiedene Offiziere waren, die unsern herumschweifenden Johannes mit seinem roten Geldbeutel bald aus ihrer Imagination verwischten.

Unterdessen flogen Täler, Seen und Gebirge bei ihm vorbei; er nutzte überall, so viel er konnte, seinen Aufenthalt, obgleich aber seine Sinnen und Verstand unaufhörlich durch neue Gegenstände und Kenntnisse gefesselt wurden, so blieb doch das Innre seines Herzens ein Heiligtum, worin für seine wunderschöne Beutelstrickerin das heilige Feuer unauslöschlich brannte. Er hütete sich sehr, ihr Bild in seiner Phantasie wieder auszumalen, weil er aus der Erfahrung gemerkt, daß dieses ihn zu allen seinen Arbeiten untüchtig machte, und also von seinem Zweck immer weiter entfernte, aber der dunkle verstohlne Gedanke an sie war ihm süßer, als alles Zuckerwerk, das die schönen Geister aus dem heiligsten Schatz der menschlichen Natur, aus dem Geheimnis ihres Herzens, backen. Auch schrieb er ihr nie, ließ sie auch niemals grüßen. Zu sehr versichert ihrer gleichen Seelenstimmung, war's ihm, als ob sie ihm immer bei jedem seiner Schritte zur Seite stund und alles wissen mußte, was er tat und vorhatte.

Bei ihr war es anders. Ein Jahr lang, als er nach England ging, hatte weder ihr noch sein Vater die geringste Nachricht von ihm erhalten. Als es darauf wieder hieß, er sei in Deutschland, spürte sie gerade so viel Freude darüber, als es ihr gemacht haben würde, vom Achmet Effendi zu hören, er sei wieder in Berlin angekommen.

Das war nun ganz natürlich; und welcher Herzens- und Mädchenkenner, der nicht etwa mit unserm Johannes sich im nämlichen Falle befindet, wird sie nicht entschuldigen?

Aber Johannes Mannheim nicht also. Als er zu Jungfer Susanna Luzilla Bulac in die Stube trat, und einen feinen jungen Abbé zierlich gekleidet auf ihrem Sofa erblickte, der an ihrem Metier Spitzen klöpfelte, sie aber, ein saubergebundenes Buch in Taschenformat in der Hand, im mußlinenen Negligé nachlässig bei ihm hingegossen, wie sie verwundernd aufstand, ihn gleichgültig über und über, vom Haupt bis zu Füßen beschaute und seinen ehrerbietigen Bückling mit einem so schnell gezogenen Knicks, als ob er ihr schon leid täte, eh' er geendigt war, und den kurzen Worten beantwortete: "Was wär' Ihnen lieb, mein Herr?"-Erschrak er fast sehr darob und seine Mienen sanken zu Boden. "Mademoiselle!" sagte er, oder vielmehr er glaubte es zu sagen, denn in der Tat verging ihm alle Besinnung. Er hatte sich, als er die Zinnen der Stadt wieder zu Gesicht bekam, vorgenommen, eine der entzückendsten Rollen seines Lebens zu spielen. Sie würde ihn nicht erkennen, meinte er, und nun wollt' er, unter der Gestalt eines Fremdlings, jede Saite ihres Herzens mit Nachrichten von ihrem Johannes treffen, und sich das königliche

Schauspiel geben, alle Widerwärtigkeiten und Gefährnisse seines Lebens zum andernmal schöner empfunden zu sehen, aber ach!-Das Gespenst da, das häßliche Gespenst in dem runden, gepuderten Haar, mit seidenem Mantel an ihrem Metier—wo sein Beutel geklöpfelt war—Ich muß meinen Lesern diese Erscheinung erklären. Es war ein junger Stadtpfarrer, der sich in Luzillen verliebt, um sie angehalten, ihr Jawort, ihres Vaters Jawort erhalten hatte—und morgen sollte die Hochzeit sein. Jedermann wünschte ihm Glück zu der Wahl, und ihr. Sie wären einander wert, sagte der Hauptmann Weidenbaum, der noch niemals was Unschönes gesagt hat. Der Obriste von Wangendorf selber hatte dem jungen Paar seine Gegenvisite gemacht. Er hatte die junge Frau Kaplänin unter das Kinn gefaßt, und gesagt: wenn er einen Sohn bekäme, sollte er Pfarrer werden. Der Herr Obristleutnant hatte ihr das Leben des *Magister Sebaldus Nothanker* in englischem Bande zugeschickt und mit eigener Hand auf Französisch vorn in das Buch geschrieben. "Félicitez vous, Mademoiselle", hatte er geschrieben, "d'éviter les désastres contenus dans ce livre, et de faire les délices d'une ville, qui vous estime, au lieu d'errer de campagne à campagne, d'un village à l'autre, victime des préjugés de Votre état et des maux les plus affreux de l'indigence et de la superstition." Die sämtlichen Herren von der Regierung hatten ihre Visiten mit Billetten, einige auch persönlich, erwidert. Nichtsdestoweniger unterstund sich Herr Johannes Mannheim, den sie gleich auf den zweiten Blick erkannte, zu einer solchen Zeit, an einem solchen Ort, seine Visite zu machen. Er mußte von ihrer vorhabenden Vermählung wenigstens doch schon in England gehört haben.

Der Herr Hofkaplan blieben ungestört am Metier sitzen.

Johannes Mannheim schaute auf, stotterte, errötete: "Ich

komme, um
Ihnen viele Grüße—von einem gewissen Herrn Mannheim
zu bringen."

"Mein Herr, Sie sind gewiß unrecht, ich kenne so keinen
Namen—"

"So keinen Namen?" wiederholte Mannheim mit einem Ton,
in welchen er alles legte, was seiner Imagination jemals von
dem Ton der alten Redner in ihren Schranken, oder vor der
Armee vorgeklungen sein mochte.

"Mannheim!" rief der Abbé durch die Fistel, "was ist das für
ein
Name?"

"Es ist—ich weiß nicht—vielleicht meinen Sie den Sohn von
dem
Pfarrer Mannheim, der ehedessen meines Vaters Nachbar
war."

"Ist er's nicht mehr?" fragte Johannes.

"Soviel ich weiß, hat er die Pfarrei verlassen. Doch Sie
können die beste Nachricht davon einziehen bei dem
Schulkollegen Hecht, mein ich, da pflegt er ja sonst zu
logieren. Nicht wahr, mari! hast du ihn nicht neulich dort
angetroffen?"

"Ach der Dorfpfarrer", versetzte der Abbé mitleidig. "Ja, ich
erinnere mich. Ist er Ihnen nicht gleichgültig, mein Herr?"

"Ich müßte der nichtswürdigste Stutzer sein, wenn er mir's
wäre", antwortete Johannes außer allen Sprüngen, "es ist
mein leiblicher Vater."

"So?" kreischte mein Abbé im höchsten Kammerton, und

nickte wieder auf seine Arbeit hin.

"Sie sehen also, mein Herr! daß Sie hier unrecht sind", sagte
Luzilla, "gehen Sie zum Schulhalter Hecht—der wird Ihnen
näheren Bescheid geben."

Johannes sah fest auf den Boden und fort.—Er kam zu
seinem Vater. —Schon eh' er ausreiste, hatte er so viele
Theologie mitgenommen, daß er sich zur Not hätte können
examinieren lassen. Die vielseitige Bekanntschaft mit der
Welt, die er sich nunmehr erworben, verbunden mit seinen
andern Kenntnissen, erleichterten ihm die Mühe, ins
Predigtamt zu kommen. Sobald er sich das erstemal
öffentlich hatte hören lassen, freute sich jedermann, ein
Werkzeug seiner Beförderung zu werden. Er bekam eine
mittelmäßig gute Stelle. Viele meiner Leser werden stutzen
und einen Roman zu lesen glauben, wenn sie finden, daß es
ihm, ungeachtet seiner Inorthodoxie, doch mit seiner
Beförderung geglückt sei. Er ließ es sich aber auch nur nicht
einfallen, sich aus dem Eide einen Gewissensskrupel zu
machen, mit dem er sich zu den symbolischen Büchern
verband. Niemals war es sein Zweck gewesen, den Bauren
die Theologie als Wissenschaft vorzutragen; es gingen sie
also die Glaubenslehren der Kirche, so wenig als ihre Zweifel
an. Das Mystische der einen, so wie das Aufgeklärte der
andern geht weit über ihr Fassungsvermögen. Sehr wohl
konnte er also für seine Person zu gewissen festgesetzten
Lehren schwören, ohne welche keine äußerliche Kirche
bestehen kann, und zu denen jeder den Schlüssel in seinem
Herzen hat. Denn, im Grunde, was sind Lehren anders, als
Vorstellungsarten, und welcher Eid kann diese binden,
welcher Eid mich zwingen, Licht zu sehen, wenn ich im
dunklen Zimmer stehe, oder umgekehrt? Genug, daß der Eid
vorbauende Formel ist, keine Sachen zu *lehren*, die auf das
Leben und die Handlungen der Zuhörer einen

14

widerwärtigen Einfluß haben, als den die wahre Religion auf sie haben soll. So sagte er also seinen Zuhörern kein Wort, weder von der Ewigkeit der Höllenstrafen, noch von der Vereinigung der beiden Naturen, noch von den Geheimnissen des Abendmahls, bis sie selbst drauf kamen, und sich insgeheim bei ihm Rats erholten, da er seinen Unterricht denn jedesmal nach der besondern Beschaffenheit der Person, die ihn fragte, einrichtete. Aber er lehrte sie ihre Pflichten gegen ihre Herrschaft, gegen ihre Kinder, gegen sie selbst. Er wies ihnen, wie sie durch eine ordentliche Haushaltung sich den Druck der Abgaben erleichtern könnten, deren Notwendigkeit er ihnen deutlich machte. Er erzählte ihnen, wie es in andern Ländern wäre, und machte ihnen ihren Zustand durch die Vergleichung mit schlimmeren süßer. Er erzählte ihnen einzele Beispiele von Hauswirten, die durch ihren Fleiß und Geschicklichkeit sich emporgebracht, bewies ihnen, daß Arbeit und oft Mangel selbst der Samen zu all unserm zeitlichen Glücke sein, und daß Vereinigung ihrer Kräfte, ihrer Herden, ihrer Ländereien und Verträglichkeit und Freundschaft untereinander die Grundfeste ihrer und der ganzen bürgerlichen Wohlfahrt wären, und daß je wohlhäbiger sie durch gegenseitige Hülfe würden, desto weniger sie den Druck der Abgaben fühlten, desto weniger selbst Abgaben zu geben brauchten, die oft nur deswegen verwendet werden, den Kredit des Landes von außen emporzuhalten, weil er von innen zu sinken anfängt. Er bewies ihnen aus der ältern und neuern Geschichte, doch immer so, daß sie es fassen konnten, daß die Leidenschaften der Fürsten selbst immer mehr Entsehen vor dem wohlhäbigen und fleißigen, als vor dem dürftigen und verzagten Bürger gehabt, weil der Reichtum der Bürger auch ihr eigener wäre. Er warnte sie ebensowohl vor Ausschweifungen und Lüderlichkeiten, als vor den frühen Heiraten und den Zerstückelungen ihrer Grundstücke, welches alles Verwirrung und Armseligkeit in ihre

Haushaltungen brächte. So fehlte es ihm keinen Sonntag an Stoff zum Reden, welchen er von einzelen Fällen hernahm, und konnt' er nur gar nicht dazu kommen, jemals an aristotelischen oder andern theologischen Spitzfindigkeiten hängenzubleiben. Die Vesper des Sonntags Nachmittags verwandelte er in eine ökonomische Gesellschaft und zwar auf folgende Art. Er hielt ein kurzes herzliches Gebet in der Kirche, alsdann versammlete er die Vorsteher und die angesehensten Bürger des Dorfs um sich herum und sprach mit ihnen von wirtschaftlichen Angelegenheiten. Sie mußten ihm alle ihre Klagen übereinander, alle ihre Bedenklichkeiten über diese und jene neue Einführung, alle Hindernisse ihres Güterbaues vortragen, und er beantwortete sie ihnen, entweder sogleich, oder nahm sie bis auf den folgenden Sonntag in Überlegung, mittlerweile er sich in Büchern oder durch Korrespondenzen mit andern Landwirten darüber Rats erholte. Endlich, damit er mit desto mehrerer Zuverlässigkeit von allen diesen Sachen mit ihnen reden könnte, ging er mit einem der wohlhäbigsten Bürger seines Dorfs einen Vertrag ein, vermittelst dessen jener ihm, gegen soundso viel Stück Vieh und Auslagen der Baukosten, einen verhältnismäßigen Anteil an seinem Kornacker sowohl als an seinem Wiesenbau zustund; zu diesem gesellte sich noch ein anderer, der einen Weinberg hatte, und siehe da ein kleines Landgut entstehen, das in sich selbst gegenseitige Unterstützung fand, weder Dung noch Holz zu bezahlen brauchte, und in einigen Jahren meinen Pfarrer und seine Mitinteressenten reich machte. Itzt beeiferte sich jeder, einen gleichen Vertrag mit ihm einzugehen, und, da dieses nicht wohl sein konnte, schlossen sie sich aneinander und ahmten seinem Beispiel nach. So ward in kurzer Zeit das Dorf eines der wohlhäbigsten in der ganzen Gegend.

Der Pfarrer hatte den Vorzug, daß er die Vorteile des Handels auf seinen Reisen kennen gelernet. Er war unerschöpflich an neuen Vorschlägen, ihren Ertrag zu Gelde zu machen. Er wußte, was jede Stadt in der Nähe für hauptsächliche Bedürfnisse hatte, und wenn sie alle zusammenstunden, wie denn in kurzer Zeit ihr Zutrauen zu ihm unbegrenzt war, so machte das für diesen und jenen Handlungszweig was Beträchtliches. Er schloß sich bald mit benachbarten Edelleuten und ihren Dörfern an, und sein Genie, das nie rastete, teilte sich nach einigem Widerstande allen mit. Ein König hätte nicht inniger geehrt werden können, als er es von seinen Bauten ward.

Sobald sein Vermögen ansehnlicher ward, richtete er alles in seinem Hause mit einem Geschmack ein, der die Nacheiferung des Adels selber erweckte. Nun war es Zeit, auf die höchste Zierde desselben zu denken, auf die Königin, die aller dieser Vorteile froh mit ihm werden sollte. \XDCber seiner rastlosen Tätigkeit hatte er den letzten Eindruck der Treulosen vergessen, die ihn, die Wahrheit zu sagen, durch eine Art Verzweiflung gespornt hatte, sich über ihre kränkende Geringschätzung hinauszusetzen. Er reiste also die Hauptstadt vorbei, und der erste Gedanke, der ihm einfiel, war der ehrwürdige Amtmann, dem er seine ersten Kenntnisse der Wirtschaft zu danken hatte. Dieser war ein Vater von mehreren Töchtern, von denen die beiden ältesten schon verheiratet, die beiden jüngsten und ein Sohn noch in seinem Hause waren. Er wußte, daß dieser Mann ihnen nichts mitgeben konnte, als eine vollkommen feine und geschmackvolle Erziehung, verbunden mit allen möglichen häuslichen Geschicklichkeiten, wovon er Augenzeuge gewesen war. Dieses, nebst seinem Wohlstande und seinem Ruf, gab ihm einige Hoffnung, so unglücklich seine erste Liebe gewesen war, in seinem zweiten Antrage mit besserem Erfolg etwas wagen zu dürfen. Er tat es. Er kam, ward noch immer wie der alte empfangen; die Augen der jüngsten der

Töchter seines Freundes nahmen ihm in der ersten Stunde die Freiheit. Seine Unruhe war unaussprechlich, denn hier einen Korb zu bekommen, schien ihm unter allen Schicksalen, die er erstanden, das unerträglichste. Wie waren seitdem alle Vorzüge der jungen Schönen aus der Knospe gegangen! Aber die Entfernung, der Antrag selbst, das wenige, was er anzubieten hatte, gegen die Ergetzlichkeiten einer großen Stadt, wo sie bei keiner öffentlichen Lustbarkeit unbemerkt blieb, sein Alter endlich selber, seine Person, die ihm niemals so häßlich vorgekommen war, sein Gesicht, auf dem jeder gehabte Unfall eine Spur nachgelassen hatte, die Unaufmerksamkeit auf die feinern Gegenstände der Unterhaltung, die ihm seine bisherigen häuslichen Sorgen und Geschäfte zugezogen, alles das machte ihn, wenn er sich ihr gegenüber befand und reden wollte, so kleinmütig—soll eine solche Blume dazu geboren sein, an meinem Busen zu verwelken? sagte er sich unaufhörlich, und eine Träne trat ihm ins niedergeschlagene Auge.

Er bemerkte eine besondere Eigenschaft an ihr, die ihm wieder Mut gab, das war ein merkbarer Hang zur Einsamkeit. Ob, weil alle äußere Gegenstände, die die Stadt ihr aufweisen konnte, ihr Herz nicht befriedigten, ob, weil sie glaubte, daß es ihr besser ließe, lasse ich unentschieden, genug, es liefen bisweilen Monate hin, daß sie von dem Landgut, wohin sie ihren Vater allein zu begleiten pflegte, auch nicht nach der Stadt einmal hören mochte. Alsdann aber ergab sie sich auch im Gegenteil bei ihrer Wiederkunft den Ergetzlichkeiten der Stadt mit einer ordentlichen Art von Zügellosigkeit, und überhaupt hatte sie die bei Frauenzimmern so seltene Eigenschaft, nichts nur halb zu tun oder zu wollen.

"Albertine!" sagte er einsmals zu ihr, als sie eben von dem

Landgut ihres Vaters nach der Stadt zurück fuhren—Es war ein schöner heitrer Wintertag gewesen und die untergehende Sonne schien eben aus verklärten Wolken mit ihrer letzten Kraft auf den entgegenglühenden Schnee; er stand hinter ihrem Schlitten und führte ihn, derweile sie in ihrem Pelz eingewickelt den Himmel und den Schnee an Röte beschämte—"Albertine", sagte er, indem er sich zu ihr herüberbog, "daß ich ein König wäre!" "Was fehlt Ihnen?" rief sie hinter ihrem Schlupfer, mit einer Stimme, deren Zauberklang er nicht länger widerstehen konnte. "Ach! ich habe Ihnen weiter nichts als eine Pfarre anzubieten", schrie er, indem er sich plötzlich vom Schlitten losriß und sich mitten in dem Schnee vor ihr niederwarf. Eine solche Erklärung auf der öffentlichen Landstraße, auf der freilich wenig Menschen zu vermuten waren, würde alles mögliche Beleidigende für sie gehabt haben, wenn nicht der Ausdruck seiner Stimme und die Tränen, die sie begleiteten, ihr Herz ebenso ungewöhnlich angegriffen hätten, als der Antrag selbst ungewöhnlich und unerwartet war. Sie konnten eine Weile alle beide nicht zu sich selber kommen. "Stehen Sie doch auf", sagte sie endlich mit schwacher Stimme. "War's denn hier Zeit?"—Bei diesen Worten verhüllte sie sich in ihren Pelz, und er bekam den ganzen Weg über von ihr nichts zu sehen noch zu hören.

Ein Glück, daß er es so abgepaßt, daß der Schlitten des Vaters eben eine gute Viertelstunde voraus war. Er kam in der Stadt an, wie ein Verbrecher, der zum Gerichtsplatz geführt wird. Alles, was er sah und hörte, alle Fragen, die an ihn ergingen, selbst die Freundlichkeit, mit der der Amtmann und die Seinigen ihn aufzumuntern suchten, waren lauter Folterstöße für ihn. Albertine allein war wider alle ihre Gewohnheit, wenn sie sonst nach der Stadt zu kommen pflegte, ihm heut vollkommen ähnlich. Als sie so im Zirkel saßen, und auf beider Gesichtern Angst, sich zu verraten, mit tausend Empfindungen kämpfte, kam der kleine Bruder, ein rosiger Junge, von der Freude, so schien es, geboren, mit großem Geschrei in die Stube gerannt und rief: "Albertine! Dein Bräutigam ist da."

Albertine antwortete anfangs nicht; als er aber es zum zweitenmal wiederholte und sie fragte: "wo denn?" und er antwortete: "in deiner Kammer!" und sie aufstund und hinausging—und in dem nämlichen Augenblick der Amtmann unserm Mannheim eine Berechnung des jährlichen Ertrages seiner Ländereien vorlegte und ihn dringend um seine Meinung fragte, um wieviel sie geringer oder vorzüglicher, als die in seinem Vaterlande wäre—so überlasse ich's dem menschenfreundlichen Leser, sich den Zustand des armen Johannes zu denken.

"Ja—ja", sagte er, indem er das Blatt ansah, ohne etwas darauf zu sehen.

"Was denn?" fragte der Amtmann.

In dem Augenblick trat Albertine mit einem kleinen Buben aus der Nachbarschaft herein, den sie an der Hand führte. Mannheim sah auf und die Erholung von seiner Todesangst war so sichtbar, daß sich der Amtmann nicht entbrechen konnte, ihn zu fragen, was ihm gewesen wäre? "Nichts", stotterte er. Albertine begab sich hinweg. Mannheim mußte um Erlaubnis bitten, sich zu entfernen. Die entgegengesetzten Bewegungen, die seine Seele in so kurzer Zeit aufeinander erfahren hatte, überwältigten seinen ganzen Nervenbau; er fühlte die angenehme Hoffnung in seinem Innersten, er werde diesen Abend vielleicht nicht überleben.

Der Amtmann wollte ihn nicht fortlassen. Er zwang ihn, ein Bette in seinem Hause anzunehmen; jedermann merkte bald, daß Mannheims Zerrüttung mehr als eine leichte Unpäßlichkeit war.

Er verfiel wirklich in eine Krankheit, die der Arzt dem besorgten Amtmann noch gefährlicher abschilderte, als sie wirklich war. Der Amtmann und seine ganze Familie blieben den Tag traurig; Albertine allein nahm eine gezwungene Munterkeit an. Ihr Vater, den dies aufmerksam machte, ging den folgenden Tag verstohlner Weise auf ihr Zimmer. Er überraschte sie den Kopf in die Hand gestützt, in einem Meer von Tränen. "Was gibt's hier?" sagte er; "das ist ein ganz neuer Aufzug, Mademoiselle Albertine!" Sie sprang verwirrt von ihrem Stuhl auf, griff nach einem Buch, wollte Entschuldigungen suchen—"still nur!" sagte er; "ich habe wohl gesehen, daß du nicht gelesen hast. Auch kann ein Buch dich so nicht greinen machen, das laß ich mir nicht einreden." "Papa!" sagte sie und faßte ein Herz, "tun Sie mit mir, was Sie wollen", indem sie zitternd ihm nach der Hand griff—"ich liebe den Pfarrer Mannheim." "Ei, wenn es nichts mehr als das ist", sagte der Alte, "ich liebe ihn auch. Es steht aber dahin, ob du ihm auch so wohlgefällst, wiewohl seine Krankheit und eure beiden Affengesichter letzthin—ei, laß uns einmal einen Versuch wagen und zu ihm auf die Kammer gehen." "Nimmermehr!" sagte Albertine, "ich muß es Ihnen nur gestehen, Papa; er hat mir letzt eine Erklärung getan und das ist die Ursache seiner Krankheit."

"Ei so sollst du hingehen und ihm die Gegenerklärung tun", sagte der Alte, indem er sie mit Nachdruck an die Hand faßte und zu Mannheim in das Zimmer zerrte. "Ich nehm es auf mich, es bei deiner Mutter und Schwester gutzumachen. Und einen ehrlichen Mann, wie den, und einen alten Bekannten in meinem Hause sterben zu lassen—Mädchen! Mädchen! wenn du mir nicht so lieb wärst—"

Man kann sich vorstellen, was diese letzte Worte, die er

hörte, auf den Kranken für einen Eindruck gemacht haben müssen. Eine himmlische Musik in dem Augenblick, da ihm die scheidende Seele vor die Lippen trat, könnte ihm nicht willkommner gewesen sein. Er mußte sich mit Mühe halten, daß er nicht aus dem Bette und ihnen hin zu Füßen stürzte. "Da hast du sie!" sagte der Alte mit den Worten unsers unvergleichlichen Dichters, den er seinen Töchtern allein auf dem Nachttisch erlaubte. Albertine mit niedergeschlagenen Augen und einer unabgewischten Träne auf der Wange, sagte kein Wort. Er sog an ihrer Hand das Leben wieder ein, das er nicht geachtet hatte; er hing mit seinen Lippen dran, als ob ein Augenblick Unterbrechung der Augenblick seines Todes wäre. Die Bewegung ihrer Hand war wie eines Arztes, der seinen Kranken gern wieder gesund sähe; im nächsten Augenblick wollte sie sie wegziehen, aber es schien, als ob ihr die Kraft dazu fehlte. Ihre Geschwister kamen. Der Vater entdeckte ihnen den Vorfall kurz und erwartete ihre Antwort nicht, sondern lief zur Mutter, die er in Tränen herbeiholte. Alle willigten ein. Der Entfernung und der andern Schwierigkeiten ward aus Schonung für den Kranken nicht erwähnt. Alles richtete sich ein, wie er besser wurde.

Man erlasse mir die Beschreibung der Hochzeit. Mit meiner Leser Erlaubnis wollen wir uns in die Tür des Pfarrhofes stellen und unser junges Paar bei seinem Einzug bewillkommen.

Zweiter Teil

Als Albertine ihren Vater und ihre Geschwister, die sie begleitet hatten, aus dem Gesicht zu verlieren und von lauter fremden und unbekannten Gegenständen sich umgeben zu fühlen anfing, verdoppelte sich die Angst ihres Herzens, und folglich auch die Tränengüsse, in welchen diese sich von ihrer frühsten Jugend an Luft zu machen pflegte. Da es ihr nun itzt besonders wegen des Abschieds von den Ihrigen an keinem Vorwand fehlte, beschloß sie, der unbeantworteten bekümmerten Fragen ihres Mannes ungeachtet, sie wolle sich einmal recht satt weinen.

Sie kamen nach einer starken Tagereise vor den Toren ihres Dorfes an. An dem Heck stand der Schulz des Dorfs mit entblößtem Haupte, nebst einigen der Angesehensten aus der Gemeine: "wir haben schon seit Sonnenuntergang auf Sie gewartet, Herr Pfarrer", sagten sie. "Tausend Glück und Segen zu Ihrer Veränderung!" Mannheim schüttelte jedem von ihnen die Hand, ohne daß er zu antworten imstande war. Sie sahen ihm die innere Bewegung seines Herzens auf dem Gesichte wohl an, und begleiteten ihn mit entblößtem Häuptern bis vor die Tür seiner Pfarrwohnung. Dieser Anblick war ein wehendes Abendlüftchen für das ermattete Herz unserer Albertine. Sie hoben sie beim Heraussteigen aus dem Wagen; ihre Freundlichkeit schlug in dem Augenblick, als die rauhen Kerle sie sahen, einen monarchischen Thron in ihrer aller Herzen auf; sie nötigte sie herein, sagte ihrer alten Haushälterin, die sie vor sich fand, sie möchte ihnen allen ein Abendessen machen. Das wäre alles schon bestellt, versetzte jene. Nur drei aus der Gesellschaft nahmen die Einladung der jungen Frau Pastorin an, und baten sie, zu ihrem nicht geringen Erstaunen, mit ihnen vorlieb zu nehmen. Die Gemeine hätte sich die Freiheit genommen, ihren lieben Herrn Pfarrer Mannheim bei einer so außerordentlichen Gelegenheit zu bewirten. "Hier ist mein Assoziierter", rief Mannheim, der eben mit dem vierten Gast, den er mit Gewalt beim Fortgehen noch von dem Hoftor zurückgeschleppt, in die

Stube trat, "diesem wackern Mann, liebe Frau, haben wir alle Ordnung zu danken, die du in unsern Zimmern finden wirst." In der Tat hatte er während der Abwesenheit des Pfarrers noch verschiedene Zimmer überweißen und die Decke des Hauptsaals, den der Pfarrer, so wie den ganzen neuen Flügel der Pfarrwohnung, auf seine Kosten angelegt, von neuem gipsen lassen, und ihm überdem ein Dutzend sauberer neuer Stühle hineingestellt. Der gute Mann wußte nicht, daß sich Mannheim aus der Stadt Tapeten mitgebracht. Einige andere Möblen, die Albertine in die Haushaltung mitbekam, trugen nicht wenig zur Verschönerung des Ganzen bei, und das väterliche Silberzeug und Teeservice ließen sie in den ersten Tagen ihrer neuen Einrichtung noch immer in dem freundlichen Wahn, sie sei in dem Hause ihres Vaters.

Die Abendmahlzeit war eine der feierlichsten, die jemals in dem Dorf gehalten worden. Kaum hatten sie eine Viertelstunde am Tisch gesessen, so kam eine große Prozession von Knaben und Mädchen, alle mit Wachslichtern in den Händen, in den Hof eingezogen, stellte sich unters Fenster und brachte der jungen Frau Pastorin eine förmliche Serenade mit den Musikanten, die im Dorf waren, wozu einige der besten Stimmen von ihnen von dem Schulmeister dazu verfertigte Stanzen sangen. Es ward Wein hinausgeschickt; der Schulmeister kam herein und brachte im Namen der ganzen Gesellschaft die Gesundheit des Herrn Pfarrers und der Frau Pastorin aus, wozu die draußen Stehenden mit einem herzlichen Hoch! einstimmten. So beschloß dieser erste Abend und wiegte unser junges Paar auf den Flügeln der Liebe ihrer Gemeine zu einer erquickenden Ruhe ein, die sie wegen der Reise und den mancherlei Abwechselungen so nötig hatten.

Der zweite Tag schien sich ein wenig zu bewölken. Itzt

mußten Besuche abgestattet werden, und zwar zuerst bei dem Herrn des Dorfes. Mannheim ließ sich bei ihm zum Nachmittage melden; er schickte zurück und lud sie zum Mittagsessen ein. Nun hatte die Höflichkeit des gnädigen Herrn, der ohnedem eine Zeitlang in französischen Diensten gestanden war, noch eine besondere Springfeder, die war, daß Mannheim mit ihm im Handel wegen einer seiner Zehenden stund, mit deren Einfoderung er, weil er die Kniffe der Bauren nicht kannte, viele Mühe hatte. Die Dame aber und das Fräulein und sein Bruder, welche bei ihm wohnte, nebst einem weiblosen Vetter, die alle nicht aus Deutschland gekommen waren, hatten noch alle das Rauhe, Herbe und Ungenießbare des Adelstolzes, der eben dadurch, weil er seinen Rang andern fühlen läßt, alle Hochachtung, die sein Rang Vernünftigen einflößen würde, zu Boden schlägt, und den gerechten Stolz aller edlen Menschen wider sich empört, die ihm in jedem Augenblick die große Wahrheit zurückzufühlen geben: Kein Mensch kann dafür, wie er geboren ist.

Diese Art Leute beraubt sich aller wahren Schätze und Vorzüge des Lebens. Ihre Verachtung wird von denen mit ihren grenzenden Ständen mit Verachtung erwidert, und, weil sie vor ihren Obern nach ihrem angenommenen Grundsatz wieder kriechen müssen, so sind sie eigentlich die Allerverachtesten unter allen Menschenkindern. Rechnet man dazu die Leerheit in der Seele, die dieses ewige Aufblähen ihrer selbst verursacht, so wird man ihren Zustand, anstatt ihn zu beneiden, in der Tat eher zu bedauren versucht werden.

Auf der andern Seite gibt es einen Stolz der niedern Stände, der ebenso unerträglich ist. Das heißt, wenn sie einen gewissen Trotz, der zu nichts führt, als alle Verhältnisse, die unter Menschen eingerichtet sind, einzureißen, für die notwendigste Eigenschaft eines braven Menschen halten, der sich, wie sie sagen, nicht unterdrücken läßt. Sie bedenken nicht, daß eben dieser Stoß in die Rechte der andern einen Gegenstoß veranlaßt, der gerade das macht, was sie Unterdrückung nennen, und am Ende die traurige Spalte zwischen den beiden Ständen, ich meine dem *Adel* und dem *edlen Bürger* zurückläßt, die einander doch so unentbehrlich sind.

Wenn jeder Teil dem andern *voraus hinlegte*, was ihm gehört, würde jeder Teil auch seinerseits sich zu bescheiden wissen, nicht mehr zu fodern, und lieber aus Großmut etwas von seinen Rechten fahrenzulassen, die ihm der andere aus eben dieser Großmut mit Zinsen wieder bezahlte.

Der gnädige Herr empfing unsern Pfarrer nebst seiner Frau im Speisesaal; die gnädige Frau nebst dem Fräulein ließen sich nicht eher als nach ein Uhr sehen, da sie sich denn, nach einem kurzen Kompliment von weitem, an ihre Plätze setzten, und überhaupt taten, als ob sie der Besuch nicht anginge. Der gnädige Herr, der ein munterer Mann war, setzte die Frau Pfarrerin zu sich; Pfarrer Mannheim ging und nahm ungebeten seinen Platz zwischen der gnädigen Frau und dem Fräulein, deren Antlitz sich mit Blut übergoß, weil eben dieser Platz dem Vetter vom Hause bestimmt war. Sie geruhten wenig über Tisch zu sprechen, aßen desto mehr, richteten das Gespräch aber immer an den Herrn Onkel und Herrn Vetter, die wenig zu antworten wußten. Pfarrer Mannheim mischte sich in alles mit seiner Beredsamkeit und Weltkenntnis, und hatte bei jedem dritten Wort eine Gans auf der Zunge. Das Wort Gans schlug so oft an die Ohren der gnädigen Frau, daß sie in ihrem Innersten eine dunkle beklemmende Ahndung zu spüren anfing, daß diese öftere Wiederholung ein und desselben Worts kein bloßes Werk des Zufalls sein dürfte, und, wie denn kein

26

Unglück und keine Furcht allein geht, gesellte sich auch zu dieser ihrer Furcht eine noch viel alpmäßig drückendere, es möchten andere in der Gesellschaft eben dieselbe tolle Ahndung haben können; kurz, sie ward so geschmeidig und freundlich gegen ihren Beisitzer, den Pfarrer Mannheim, daß es einem Zuschauer, der von ungefähr dazugekommen wäre, das Werk eines halben Wunders geschienen haben müßte. Sobald sie einlenkte, ward Pfarrer Mannheim auch artiger, und gab ihr auf eine feine Art zu verstehen, daß man einem vernünftigen Mann es durchaus von selbst zutrauen müßte, daß er gegen das, was Wohlstand und Verhältnisse erfoderten, nicht verstoßen werde, daß man ihn aber eben dadurch, daß man dächte, er könne dies und jenes bei andern Gelegenheiten mißbrauchen, in die Notwendigkeit setzte, falls er nicht ein Pinsel wäre, sich bei allen möglichen Gelegenheiten mehr herauszunehmen, als er sollte. "Und überhaupt", sagte er, "gibt das einen peinlichen Umgang, wenn man in Gesellschaften nichts weiter zu tun hat, als auf seiner Hut zu sein, dem andern nicht zu viel einzuräumen."

"Ja, wenn der andere ein vernünftiger Mann ist", sagte der Onkel mit einem sehr gnädigen Blick.

"Von dem rede ich nur", sagte der Pfarrer. "Sie trinken heute nachmittag den Kaffee im Garten mit uns", sagte die gnädige Frau. "Haben Sie den *Almanach der Grazien* gelesen?" fragte das Fräulein.

Diese Fragen kamen so unmittelbar aufeinander, daß er sie nicht anders als mit einem ehrerbietigen Bückling und einem feinen Lächeln am Munde beantworten konnte. Er sagte, er wollte den Nachmittag die Gnade haben, der gnädigen Frau und dem gnädigen Fräulein einige Zeichnungen von seinen Reisen in der Schweiz zu weisen, worunter besonders die Gegenden des Pays de Vaux wären, die Rousseau in seiner Heloise so meisterhaft geschildert.

"O Sie sind ein allerliebster Mann", sagte das Fräulein.

Die Tafel ward aufgehoben. Nun war der Damm eingerissen, der bisher die Konversation gehemmet; alles floß in Geselligkeit und Scherz und—Vertraulichkeit zusammen.

Eine harte Prüfung stand ihnen noch bevor. Als sie alle zusammen in Eintracht in der großen Sommerlaube im Garten um den Kaffeetisch saßen, und die schmeichelnden Frühlingslüfte den Erzählungen Mannheims von der französischen Schweiz einen geheimen Zauber gaben, der ihn mit Einstimmung aller zum Haupthelden auf der Szene machte—führte das Glück oder Unglück, ganz wie aus den Wolken gefallen, einen nicht eben allzureichen Edelmann aus der Hauptstadt nebst seiner Frau Gemahlin herbei, der eigentlich dort nur die sehr mäßigen Zinsen seines Kapitals verzehrte, auf dem Lande aber überall sich das Ansehn gab, als ob er einen außerordentlichen Einfluß am Hofe und besonders auf den Landesherrn habe, der ihn weiter nicht als Figuranten in der Antichambre zu kennen das Glück hatte. Diese Erscheinung war wie ein Hagelwetter nach einem Sonnenschein; alle Gesichter fielen in ihre angeborne Karikatur zurück, und Öde und Leere, wie ehmals im Chaos, herrschte nun in der Gesellschaft. Pfarrer Mannheim hielt es nicht für nötig, mit seinem Weiblein davonzuschleichen, so sehr ihm die Augen aller Anwesenden es zu raten schienen; er faßte gleich beim Eintritt des Fremden seinen Stuhl an, damit ihm dieser nicht etwan im Hurly Burly genommen werden könnte, war aber übrigens ungemein ehrerbietig und zurückgezogen bei den ersten Komplimenten. Kaum hatte der Fremde und der Hausherr sich gesetzt, so nahm er und seine Frau ihren alten Platz ein, so daß wahrhaftig für das gnädige Fräulein und den Herrn Vetter kein Stuhl mehr übrigblieb, und sie genötigt waren, den Bedienten unverzüglich nach einem zu schicken. "Das ist der berühmte wunderbare Herr Pfarrer Mannheim", sagte der Hausherr, um diese Reibung der Gesellschaft zu maskieren, "der aus seinen Bauren Edelleute und aus seiner Kirche eine Akademie der ökonomischen Wissenschaften machen will."

Diese hohe Ankündigung sollte auf einer Seite dem neuen Gast alle
Befremdung, einen Prediger in dieser Gesellschaft zu finden, ersparen,
auf der andern dem Pfarrer Mannheim auf eine sehr subtile Art eine
Erinnerung geben.

Der Höfling, dessen Augen ohnehin immer zusammengezogen waren, tat, als ob er den Pfarrer Mannheim nicht sähe.

"Es ist mir wenigstens schmeichelhaft, gnädiger Herr", sagte der Pfarrer Mannheim, "daß unser Landesfürst mich durch ein eignes gnädiges Handschreiben seines Beifalls versichert hat."

Es war, als ob er eine Rakete unter die Leute geworfen; alle Augen waren auf ihn gerichtet.

Unterdessen kamen die Stühle für das Fräulein und den Herrn Vetter an.

"Und ich hoffe, daß nächstens", fuhr er fort, "auf meinen untertänigsten Vorschlag, in Ansehung der Austeilung der neuen Kopfsteuer, wie mir Se. Exzellenz der Präsident von der Kammer versichert haben, eine eigene Kommission von seiten der Kammer und eine andere von seiten unsers Oberamts niedergesetzt werden soll, um die eingeschlichenen Mißbräuche zu heben, die den Landmann so sehr beeinträchtigen, als die landesfürstliche Kasse."

"Das wäre in der Tat sehr nötig", sagte der Herr vom Hause.

Der Höfling maß ihn mit seinen Augen, welches der Pfarrer Mannheim erwiderte.

Auf ihrer Seite tat Albertine alles Mögliche, um das Fräulein zu besänftigen, die, wegen des Vorfalls mit den Stühlen und wegen ihrer Entfernung von der neuangekommenen Hofdame, sich noch gar nicht erholen konnte. Sie sprach mit ihr von einigen neuen Kopfzeugen, die sie aus ihrer Vaterstadt mitgebracht, und von denen sie ihr das Muster schicken wollte. Das Fräulein nickte mit dem Kopf und lächelte, daß man geglaubt hätte, sie weinte. "Das, was die gnädige Frau aufhaben", fuhr Albertine sehr laut fort, "ist eben keins von den neuesten." Die Hofdame schlug die Augen fest vor sich nieder. "Indessen", sagte Albertine weiter, um sie zu trösten, "ist es nach meinem Auge von unendlich mehrerem Geschmack, als die neueste Art mit den fatalen Fledermäusen und dem Gesimse auf dem Kopf." Der Höfling wandte sein Auge bei diesen Worten, die mit einiger Laune ausgesprochen wurden, mitten in dem tiefsinnigsten Gespräch mit dem Herrn vom Hause, auf die Frau Pastorin.

Der Pfarrer Mannheim, der schon wieder als Insel dasaß, und wohl merkte, daß das tiefsinnige Gespräch der beiden Herren sich auf nichts herumdrehte, als daß beide etwas leise gegeneinander die Lippen rührten, ohne daß einer von den Worten des andern das geringste verstund—fuhr mit einer neuen Rakete zwischen ihnen drein.

"Ich muß mich sehr wundern", sagte er und richtete sich gerade an den Herrn vom Hofe, der ihm schon durch das allgemeine Gerücht bekannt war, "daß die meisten Herren von Adel ihre Kapitalien hiesigen Kaufleuten anvertrauen, wo sie doch so unsicher stehen, und sich nicht nach Holland wenden, das wir so nahe haben, und wo ich durch sichere Briefe weiß, daß die Konkurrenz bei gegenwärtigem Kriege viel größer ist."

"Wie meinten Sie das", fragte der Herr vom Hofe, und rückte seinen Stuhl näher-Pfarrer Mannheim tat, als ob er diese Frage nicht hörte, sondern stand in dem nämlichen Moment vor der gnädigen Frau, von der er sich mit einem sehr tiefen Bückling beurlaubte, alsdann seine Frau an die Hand nahm und sie denen Herren zum Abschied präsentierte, die außerordentlich höflich waren. Der Herr Vetter, der den Augenblick in den besten Humor von der Welt kam, bat sich die Erlaubnis aus, sie nach Hause zu begleiten; Pfarrer Mannheim verbat sich's, weil vermutlich sein Kutscher auf ihn wartete; der junge Herr hob sie also in den Wagen, und so endigte sich dieser Besuch.

"Wir wollen ihn einmal besuchen", sagte der Herr vom Hause, als er fort war. "Der Mann gefällt mir besser als die Frau", sagte die Hofdame. "Mir auch", widerhallte das Fräulein. Der Vetter, der zurückgekommen war, lächelte, wie einer, der vergnügt ist, ohne zu wissen warum. Alles ging wieder in betäubende Stille über.

Als sie nach Hause gekommen waren, bat Albertine ihren Mann sehr ernstlich, daß sie doch heute keine Visite mehr machen wollten. Er bestand aber drauf, den Abend bei seinem Assoziierten zu essen, welches auch geschah. Beide kamen merklich vergnügter von dort nach Hause, als sie beim Mittagessen gewesen waren. Denn da waren sie die streitende Kirche, hier aber die triumphierende, und sie verbreiteten, durch ihre Freundlichkeit und Gesprächigkeit, so viele Freude bei diesem wackern Bürger, dessen

Haushaltung gewiß mit so vielem Geschmack eingerichtet war, als die Haushaltung des wohlhäbigsten Kaufmanns in der Stadt es nur immer sein kann, daß er ihnen gern sein Herz aus dem Leibe vorgesetzt hätte.

Albertine, welche ihren Mann inständigst bat, sie soviel möglich aller sogenannten Staatsvisiten zu überheben, fing nun an, das Bedürfnis nach Gesellschaft, das heißt einer Gesellschaft, die ihr nach Herz und Sitten gleichgestimmt war, ziemlich lebhaft zu spüren. Sie wollte es ihrem Manne anfangs nicht sogleich gestehen, aber alle ihre geheimsten Korrespondenzen nach Hause waren voll davon. Der Mann hatte sein Amt; er hatte vor allen Dingen seine wirtschaftlichen Angelegenheiten, die ihn oft den ganzen Tag foderten, so daß er nur wenige Abendstunden der Erholung in dem Schoße seines Weibes widmen konnte; sein eigen Herz flüsterte es ihm gar bald zu, daß seine Frau unmöglich den ganzen Tag allein bleiben könnte; er traf also ingeheim Verfügungen, und eben als er an einem Nachmittage seiner Frau, die einen Augenblick in den Garten gegangen war, ihren Salat zu besehen, ein Briefchen aus ihrem offenen Schreibpult stahl, in dem sie mit folgenden Worten ihr Herz gegen eine Freundin erleichtert:

"Den besten Freund meines Lebens an meiner Seite, in einem Hause, wo es mir an nichts fehlt, und jeder meiner Wünsche mir durch die Sorgfalt meines Mannheims entgegeneilt, fehlt mir doch immer noch ein Herz, das mein Glück, selbst das Glück, so geliebt zu sein, als ich bin, mit mir teilt, sich mit mir freut, wenn ich närrisch bin, mit mir das Maul hängt, wenn der Himmel trüb ist: liebes Lieschen, das bist du—-"

Man stelle sich vor, wie unserm Weiblein zumut ward, als sie über ein Krautbeet sich emporhob, einen Wagen im Hofe rasseln hörte, unter ihrem Sonnenhütchen heraussah, und in dem Augenblick sich von den Armen eben desselben

Lieschens umschlungen fühlte, an welche sie den obigen
Brief unvollendet gelassen. Ihn mit dem offenen Briefe in der
Hand die Treppe hinunterstürzen, sie mit ihrem lieben
Lieschen an der Hand, als ob es von ungefähr geschehen,
ihm entgegenfliegen—und hernach aus diesem süßen Traum
mit der Empfindung aufwachen zu sehen, daß er ihr von
ihrem Mannheim zu rechter Zeit geschickt war—überlasse
ich dem teilnehmenden Herzen meiner Leser und Leserinnen
sich selber abzuschildern.

Das Bedürfnis seiner Frau war befriedigt; aber nachdem
dieses kleine Trio eine Zeitlang gedauert, fühlte er, daß sich
für sein Herz ein ähnliches anhub. Er sann also ein
Befriedigungsmittel aus, das ich mich nicht enthalten kann
zum Besten des Ganzen allgemein bekannter zu machen,
besonders, da ich es nur, als ein sehr schlecht gekritzeltes
Kupferblatt, von einem Originalgemälde kopiert habe, das
zu allgemein bekannt und verehrt ist, als daß es meines
Lobes bedürfte. Es ist das große Gemälde deiner
Haushaltung, mein S—, das ich vor Augen habe, und
von dem ich gern Modelle für alle mögliche Klassen von
Menschen vermannigfaltigen möchte.

Er wußte, welch eine unangenehme Epoke im menschlichen
Leben der Übergang vom Jünglingsalter zu männlichern
Geschäften macht, und wie nötig jungen Leuten, die von
der Akademie kommen, oder sonst in dem
Vorbereitungsstande zu wichtigern Geschäften stehen, ein
Hafen sei, in welchem sie ihr Schiff takeln, kalfatern und
segelfertig machen können, ehe sie es wagen dürfen, es vom
Stapel abzulassen. Er machte also seine Spekulationen auf
diese Vorbereitungsjahre edler Jünglinge, die nicht durch
Kriechen, oder sich an Schürzen Hängen, sondern durch
das Bewußtsein innrer Kräfte in Ämter, oder zu Künsten
aufgenommen zu werden strebten, und öffnete ihnen,

sobald er diesen Funken in ihnen entdeckte, sein Haus ohne Ausnahme, gegen keine andere Entschädigung, als daß sie einige Stunden von ihren täglichen Beschäftigungen zu dem Umgange mit ihm und seinem Hause abbrechen, der ihnen in allen Rücksichten nicht anders als höchst vorteilhaft sein konnte. Hier hatte er eine beständige Unterhaltung für seinen Geist und sein Herz, und schuf sich eine Menge Freunde von so mannigfaltigem Charakter, Talenten und äußeren Beziehungen, daß es eine wahre Weide für seine Seele war, sie mit all ihren Eigenheiten, und auszeichnenden Bestimmungen in ruhigen Stunden vor seiner Einbildung vorbeigehen zu lassen, und der Stoff zur Unterredung mit den Seinigen niemals fehlen konnte. Alle diese verschiedenen Menschen breiteten sich nachher bald hie bald dort hin aus, und das edelste Gefühl im Menschen, das unter allen am letzten unterdrückt werden kann, die Erkenntlichkeit, die sie von ihm mitnahmen, machte, daß sie, wenn sie in bessere Verfassungen gekommen waren, seiner weder in Briefen noch in Aufträgen, die er an sie hatte, jemals vergessen konnten, wodurch denn seine Korrespondenz und sein Wirkungskreis einer der angesehensten im Königreich war.

So ward sein Haus in gewisser Art eine Akademie der Künste und Wissenschaften, weil sich Künstler und Gelehrte zu ihm flüchteten. Er hatte dabei keine weitere Unkosten, als daß er ein paar Zimmer in seinem Hause für sie zurichten ließ, und denen, welche mäßig waren, wie es echte Künstler und Gelehrte immer sind, mittags und abends eine Serviette mehr hinlegen ließ, welches in einer Haushaltung auf dem Lande kaum merklich wird. Vom Tee und Kaffee und Tabak war in seinem Hause niemals die Rede, wohl aber von Obst und Früchten, wie es die Jahrszeit mit sich brachte.

Vielleicht wird es einige meiner Leser interessieren, zu

erfahren, wie Albertine ihrem Manne den Rauchtabak, und er ihr zur Dankbarkeit den Kaffee abgewöhnt. Albertine hatte ihm einigemal gesagt, daß sein Zimmer übel röche, und daß sich der Geruch in seine Kleider zöge; er spottete ihrer falschen Delikatesse, nahm seine Tabaksdose, sie zu quälen, auf ihr Zimmer und rauchte ihr beim Vorlesen den ganzen Abend vor. Sie ließ es hingehen. Einen Monat mochte vom Tabak gar nicht wieder die Rede gewesen sein, als er auf einmal an einem Morgen seinen kleinen Johannes, das erste und nun schon zweijährige Söhnchen, das sie ihm geschenkt hatte, mit einer langen tönernen Pfeife im Munde gewahr ward. "Frau", sagte er, indem er rot ward und dem Kleinen nicht ohne Widerstand die Pfeife aus den Händen nahm, "das Spielwerk taugt nichts für Kinder." Die Frau verbiß ein geheimes Lächeln und sah emsig auf ihre Arbeit. Er kam den Abend wieder mit seiner Pfeife auf ihre Stube; den Morgen fand er seinen kleinen Jungen wieder in der nämlichen Stellung. "Was ist denn das mit der Pfeife?" sagte er, und konnte sich nicht enthalten zu lachen und zugleich noch röter zu werden. "Kann ich's ihm abgewöhnen", sagte sie mit der größten Sanftmut, "wenn er dich alle Abend rauchen sieht? Du weißt, wie die Kinder sind; alles, was die Alten tun, macht ihnen Freude." "Und wer hat ihm die Pfeife gekauft?" fragte Mannheim und versteckte seinen Kopf an ihrer Brust; hier fand sie es für gut, ihm aus dem Stegereif eine kleine Gardinenpredigt über das Rauchen, sobald es Gewohnheit wird, zu halten. "Es ist eine Kette", sagte sie, "an der du ziehst, die dir alle deine übrigen Vergnügungen verdirbt, darum nur, darum habe ich was dagegen einzuwenden. Du bist nirgends ruhig, wenn dich nicht die Pfeife begleitet, und du magst es dir verhehlen, wie du willst, es bleibt immer eine kleine Unreinlichkeit. Ich habe einen Menschen gekannt, der sich parfümierte, wenn er geraucht hatte, und er kam mir gerade so vor, wie ein Schinken, den man aus dem Rauch nimmt, und eine Sauce von Zitronen dran macht. \XDCberlassen wir das Rauchen den Unglücklichen, die keine andere Freude haben, den Walfischfängern in Grönland, oder den Negern in Zuckerplantagen, die ein Opium brauchen, um sich gegen ihr Elend zu betäuben, aber du, im Schoße des Glücks, in meinem Schoße"—hier faßte sie ihn mit unaussprechlicher Schmeichelei unter das Kinn. Er ging trotzig fort. Den Abend ward Pfeife und Tabak in den Ofen geworfen, und den Morgen ließ er sein Studierzimmer von neuem ausweißen und flüchtete in das Zimmer seiner Frau.

Nach langer Zeit ward er inne, daß seine Frau es mit dem Kaffee hielt, wie er mit dem Rauchtabak. Ihr war nicht wohl, wenn sie des Morgens ihren Kaffee nicht genommen, und sehr oft überfiel er sie mit ihrem Lieschen auch des Nachmittags am Kaffeetisch, wo sie einander wie wahre Stadtweiber, die Schale in der Hand, mit den Neuigkeiten ihrer Korrespondenzen unterhielten. Sobald sein Weib oder ihr Lieschen übles Humors war, ward es hernach zur Gewohnheit, daß zweimal Kaffee getrunken werden mußte. Er wollte beide einmal auf die Probe setzen, und las ihnen bei Tisch einen erdichteten Brief vom Präsidenten vor (mit dem er wirklich korrespondierte), in welchem dieser ihm meldete, es würde nächstens eine landesfürstliche Verordnung bekanntgemacht werden, worin allen Privatpersonen ohne Ausnahme der Gebrauch des Kaffee bei schweren Geldstrafen untersagt werden würde, dafern sie sich nicht eine unmittelbare Erlaubnis vom Landesherrn durch Bezahlung einer dazu ausgesetzten Geldsumme auswirkten. Seine Frau und Lieschen sahen einander an; beide suchten die verschiedenen Empfindungen, die diese Neuigkeit in ihnen veranlaßte, jede auf ihre Art, zu verbergen, endlich konnte sich Lieschen nicht länger halten, und brach aus: "Werden Sie uns diese Erlaubnis denn kaufen?" Mannheim lächelte. "Du würdst wohl ohne Kaffee nicht leben können, aber ich hoffe, was meiner Frau gut ist, wird dir auch recht sein." Hierauf setzte er ein sehr ernsthaftes Gespräch mit einem seiner jungen Freunde fort. Als er vom Essen aufstand, und sie küssen wollte, stürzten zwei unbändige Tränen, die sie mit aller ihrer Mühe und Kraft beim Essen zurückgehalten hatte, ganz wider ihren Willen und Absicht, von den Wangen der armen Albertine den mutwilligen Lippen Mannheims entgegen, die sie wollüstig aufschlürften. "Und so weinst du denn, meine liebe Frau", sagte er laut und triumphierend, "und meinst, der Kaffee sei keine Kette, kein Opium, das dich für alle andere Vergnügungen taub und ungestimmt macht. Wenn haben unsere Vorfahren Kaffee getrunken, die doch auch ihre Freude hatten, und herzlicher als wir. Trinken wir den Kaffee, wie sie, als etwas Außerordentliches, als etwas, das alle Jahre einmal kommt, und bloß etwas zu lachen gibt, gewöhnen wir unsere Nerven aber nicht an einen Opiat, der viel feiner und reizender, und eben deswegen auch viel schädlicher ist, als der Tabak und das Opium selber. Der Kaffee ist in der Tat nur eine galante Unreinlichkeit, und ich bin versichert, daß der saubere Porzellan, in den wir ihn fassen, das meiste und vielleicht das einzige zu seinem Wohlgeschmack beiträgt. Können wir aber nicht ebensowohl von porzellanenen Kredenztellern Obst und andere Sachen essen, die unsern Nerven nichts schaden, und uns nicht zur schädlichen Gewohnheit werden?" Albertine ließ sich diesen Nachmittag einige Pfirsiche heraufbringen, und, wenn Fremde zu ihr kamen, setzte sie ihnen Wein, eingemachte Sachen und Obst vor, wobei die Munterkeit und das Scherzen und das Hüpfen und die Pfänderspiele und das Tanzen und das Jauchzen viel allgemeiner wurden. Des Morgens war ihr Frühstück ein Äpfelkuchen, oder ein Butterbrot, oder sonst etwas, wovon ihnen nur ein Gelüste durch den Kopf zog, nie aber banden sie sich an etwas und sie schämten sich hernach nicht wenig, als ihnen Mannheim sagte, der Verbot vom Kaffee sei nur eine Erfindung von ihm gewesen. Mannheim aber und seine Gäste frühstückten, nachdem es der Phantasie der Frauenzimmer beliebte.

Tausend Veränderungen, tausend drollige Szenen jagten einander in diesem glücklichen Hause, welche, durch die Erfindungskraft der Frauenzimmer sowohl, als der jungen Fremden, die Mannheim herbergte, entstanden. Bald ward eine Komödie gespielt, bald eine Wallfahrt in die benachbarten Gebirge angestellt, bald eine allgemeine Verkleidung in Bauren und Bäuerinnen vorgenommen, die denn zur Heumachenszeit auf den Wiesen von Johannes Mannheim et Compagnie die nötigen Arbeiten meisterlich verrichteten, im Grünen ihre kalte Milch aßen und dergleichen. Oder, es wurden im Winter Schlittenfahrten angestellt, wobei Johannes Mannheim seine erste Deklaration oft wiederspielte* und sich dafür von der ganzen Gesellschaft weidlich auslachen ließ. Das größte Vergnügen hatten sie bei der Ernte, wo sie sich unter Schnitter und Schnitterinnen mischten, und mit ihnen hernach die Mahlzeit aßen.

{* Siehe den ersten Teil.}

Nach und nach fing der Wurm der Begierde, öffentlich bekannt zu werden, an, in diesem harmlosen Herzen zu wühlen. "Bin ich es denn nicht", sprach er zu sich selber, "durch die guten Menschen, die ich bei mir bewirte, durch die vielen Briefe, die ich von allen Seiten erhalte, durch die Reisenden selber, die meine Haushaltung zu sehen neugierig sind?" Aber doch der Wunsch, gemeinnützig zu werden, nicht eben ein Philanthrop, oder Kosmopolit, aber doch ein Mann zu sein, der mehrern Menschen seine Existenz zu fühlen gibt. Er trug diesen Wurm und drückte und unterdrückte ihn, aber doch bei gewissen Gelegenheiten, wenn's ihm aus den Augen verschwunden war, daß sein Beispiel das ganze Dorf zu einem der wohlhäbigsten im Königreich gemacht, und das Beispiel dieses Dorfs mit der Zeit für die benachbarten Dörfer, und also, wie alle Handlungen ins Unendliche gehen, für das ganze menschliche Geschlecht ansteckend werden wurde—fiel ihm dieser Lindwurm mit so unheilbaren Bissen wieder an das Herz, daß es ihm manche trübe Stunde machte. Niemand auf der Welt, selbst das Auge seiner Albertine, dem doch kein Winkel seines Herzens verborgen blieb, hätte wohl jemals diese geheime Springfeder einiger seiner üblen Launen ausfindig machen können. Kurz, es war—der schlimmste Sauerteig, der seit Adams Fall im menschlichen Herzen gegärt hat—es war der Autor, der das Haupt in ihm emporhob. Den ersten Keim dazu hat ein Einladungsschreiben von einem Journalisten, doch von Zeit zu Zeit einige Rezensionen in sein Journal zu fertigen, so tief in seine Seele gelegt, daß es mit all seiner Mannheit unmöglich war, ihn ganz auszureuten.

"Wenn's auch nur eine Heilsordnung wäre", sagte er sich manchesmal. Denn zu Rezensionen fühlte er gleich von Anfang die größte Abneigung. Sein Urteil andern Menschen aufbinden zu wollen, war nie sein Fall gewesen. Und der Stolz, der sich da hineinmischt, war ihm eine peinlichere Empfindung, als die größte Demütigung, die er hätte erleiden müssen. "Ein solcher Mensch", sprach er zu sich selbst, "macht, wenn andere und besonders vernünftige und gescheute Leute seinem Urteil nicht beipflichten, sein Leben zur Hölle und umsonst hat der Mund der Wahrheit nicht gesagt: Richtet nicht, daß ihr auch nicht gerichtet werdet."

Aber die Autorschaft—andern Leuten Brillen zu schleifen, wodurch sie sehen können, ohne welche ihnen tausend Sachen verborgen blieben. —"Es ist doch groß das", meinte er.

"Vor alten Zeiten schrieben die Prediger Postillen; als der Postillen zu viel waren, ward darüber gelacht und gespottet, da setzten sie sich auf ihre Kirchhöfe (die mehrstenmale freilich nur in Gedanken) und lasen den unsterblichen Engländer, den erhabenen Young. Da erschienen *Christen bei den Gräbern, Christen in der Einsamkeit, Christen am Morgen, Christen am Abend, Christen am Sonntage, Christen am Werktage, Christen zu allen Tagen und Zeiten des Jahrs*. Die Buchhändler wollten deren auch nicht mehr, und warum sollte ein Prediger nicht auch durch Romanen und Schauspiele nützen können, wie durch Predigten und geistliche Lieder? Der Nutzen müßte noch weit größer sein, weil dergleichen Bücher in weit mehrere Hände kommen, weit begieriger gelesen werden, wenn es dem Verfasser an Witz nicht mangelt und—"

Wir setzen mit Fleiß diese lange Stelle aus dem Selbstgespräch des ehrwürdigen Johannes Mannheim her, um unsern Lesern ein Pröbchen, wie weit in so kurzer Zeit durch einige Zeilen nur die verborgene Radix Ruhmsucht in diesem gesunden Herzen aufgegäret war und sich seinen edelsten Säften mitgeteilt hatte. Fast ein ganzes Vierteljahr wälzte er's mit sich im Bette herum, einen Roman im Geschmack des Richardson oder Fielding der gelehrten Welt vorzulegen; verschiedene Begebenheiten aus seiner eigenen Lebensgeschichte hineinzuspinnen, das Ganze aber etwan als die Geschichte eines Prinzen, oder eines Ritters, oder eines—Bauren oder eines—was weiß ich's, einzukleiden, das noch nicht vorgekommen wäre, nota bene. Der gute Mann bedachte nicht, daß durch seine freiwillige Entfernung von dem, was man große Welt nennt, und überhaupt von dem Gange der menschlichen Angelegenheiten in Städten und an Höfen, so wie von dem Ton der Gesellschaften und dem

Hervorstechenden in Charakteren und Sitten, sich ihm alles nur durch das Prisma seiner Korrespondenz, oder des Hörensagens, oder gar gewisser Bücher, bald—dreieckig, bald—rautenförmig, bald—vieleckig, bald spitz, bald stumpf, bald platt weisen würde, was sonst schlechtweg rund oder gerade war, und umgekehrt. Die Begierde, ein Romanschreiber zu werden, drückte und folterte ihn Tag und Nacht, wo er ging; was er sah, was er anrührte, wollte er alles in seinen Roman bringen und der arme Mann saß beständig in seiner fröhlichen Gesellschaft da, wie ein Elefant mit einem Ring in der Nase-"Hol' der Henker Roman und alles"—schrie er eines Tages überlaut beim Mittagessen, als ihm kein Bissen Brots mehr schmeckte—seine Frau und Lieschen starrten ihn mit großen Augen an—und einer seiner Fremden, der durch die Sympathie was davon geahndet haben mochte, fing überlaut an zu lachen. "Kinder, ich muß euch gestehen", sagte er, und wischte sich den Schweiß von der Stirne, "ich bin einige Monate her nur halb bei euch gewesen—aber es ist vorbei, gottlob! und ich hoffe, es soll nicht wiederkommen." "Wie, Mann!" fing Albertine an, "du hast doch wohl keinen Roman schreiben wollen." "Was denn anders?" sagte Johannes Mannheim, "der Teufel hat mich versucht und du hast mir helfen sollen. Aber, laßt uns von was anders sprechen, und wer unter euch sich untersteht, mir von dem Roman auch nur mit einer Silbe wieder zu erwähnen, den erkläre ich für den allertödlichsten Feind, den ich in meinem Leben gehabt habe."

Den Nachmittag war er in einer Laune, daß ihn alle die Seinigen hätten fressen mögen. Besonders merkte dies sein alter Assoziierter, der seit einiger Zeit einen so schläfrigen Gang in seinen Wirtschaftsgeschäften wahrgenommen, daß er hundertmal auf dem Sprung stand, deswegen zu ihm zu gehen, wenn ihn nicht immer die Ehrfurcht, mit der er ihn sonst zu behandeln gewohnt war, zurückgehalten hätte. "Gott tröst'" sagte er den andern Tag zu Albertinen, "was ist mit userm Herrn Pfarr vorgegangen? Er ist ein ganz andrer Mensch, als er diese ganze Zeit über war. Ich dachte schon, er wäre krank, oder müßt' ihm sonst was fehlen im Unterleib. Wie es den gelehrten Herren zu gehen pflegt."

Nichtsdestoweniger hat man nach dem Tode unsers Johannes Mannheim einige fürtreffliche Traktate gefunden, die in einer Sammlung seiner Schriften sämtlich zu Amsterdam in groß 8vo herausgekommen sind. Darunter war eine *Abhandlung von der Viehseuche, von den Pferdekuren, von dem Wieswachs und dem Nutzen der englischen Futterkräuter, von dem Klima* und dessen Einfluß auf Menschen, Tiere und Pflanzen, besonders der *Bevölkerung*, worinnen Blicke in die Menschennatur und in die allgemeine organisierte Natur waren, die einem Montesquieu würden haben erröten machen. Er fand das große Geheimnis der Ähnlichkeit des Menschen mit der ganzen Schöpfung, die ihn umgibt, ja er fand, welches Montesquieu selbst nicht gesucht haben würde, selbst die Unterschiede der Regierungsform in der Natur des Bodens und dem Einfluß desselben auf Charaktere, Sitten und Meinungen seiner Bewohner. Durch diesen Schlüssel erklärte er die wunderbarsten Phänomene in der Geschichte und noch Erscheinungen, die heutzutage sich ergeben, auf eine Art, die keinen Zweifel übrigließ. Vorausgesetzt, daß er Handel und Veränderungen dieses Bodens und seiner Produkte mit zu den Ursachen rechnete,

ferner, daß er abrechnete, was herumziehende Nationen wie
z. B. die Römer selbst anfangs, wie hernach die
Longobarden, die Goten, die Alemannen und Franken
selber, von ihrem Boden und von ihren Sitten mitgebracht,
das sich hernach mit der neueren Denkart vermischt. So
behauptete er, die Römer wären eigentlich bis zu den Zeiten
der Kaiser keine *italienische Nation* gewesen, sondern ein
Haufen Kriegsleute, der sich beständig zu wehren hatte und
alles unter sich bringen wollte, weil er diese Tapferkeit und
den kriegerischen Hang mitgebracht. Unter den Kaisern
wies sich erst der Einfluß des Bodens, der sie zu einer
Nation machte, die von der heutigen italienischen durch
wenig Schattierungen unterschieden ist. So leitete er von
den Steinkohlen die Melancholie der Engländer, von dieser
ihren Eigensinn, ihre Freiheitsliebe, ihre Regierungsform:
von den flüchtigen Weinen der Franzosen ihren Leichtsinn,
von dieser ihre Sorglosigkeit für die öffentlichen Geschäfte,
von dieser ihre Liebe zur Monarchie, wo alles von selbst
geht und sie sich nur zu bücken und zu schmeicheln haben,
um höher zu kommen. Von dem rauhen Klima der
Deutschen und dem Bier ihre Festigkeit, wobei er jedoch die
Einschaltung machte, daß seit dem häufigen Gebrauch des
warmen Wassers, besonders des Kaffee, diese Tugend sehr
abgenommen und in eine weibische Weichlichkeit und
Unentschlossenheit ausgeartet wäre, die, wenn sie nicht
noch bisweilen vom Boden und Himmel überstimmt würde,
den ganzen Nationalcharakter verändern könnte. Aus
dieser Festigkeit und Mannheit leitete er die ganze
Verfassung des h. Römischen Reichs her, und zeigte, daß sie
in ihren Grundfesten nicht zu erschüttern wäre, es müßten
denn die Sitten der Nation ganz umgegossen werden.
Deutschland wäre das einzige Reich in der Welt, wo sich die
alte Lehnsverfassung noch bis auf den heutigen Tag
erhalten, eine Menge kleiner Fürsten nebeneinander, die
unter ihren Lehensleuten und Vasallen herrschten, nur

sollte der Adel nicht ungekränkt fremde Dienste nehmen dürfen, weil es wider die Lehenspflicht sei. So aber, wenn sie lang in fremden Ländern lebten, verlören sie ihr Deutsches, ihre Mannheit und Festigkeit, ihren Trotz für ihre Rechte und die Rechte ihres Landesherrn, ihre Anhänglichkeit an ihren Boden, brächten weibische Unentschlossenheit statt guten Sitten zurück, und könnten leicht Knechte des ersten werden, der sie finde. \XDCbrigens gestand er selbst ein, daß nichts liebenswürdiger sei, als ein Deutscher, der gereist hat, ein Franzose, der alt geworden ist, und ein Engländer, der lange Jahre unter den Russen gewesen. Den Despotismus dieser Nation schrieb er der Strenge ihres Klima, der Kargheit ihres Bodens und dem daher rührenden Mangel des großen Haufens der Einwohner zu, denn überall, wo Mangel ist, ist Despotismus, weil der, der sich nicht zu helfen weiß, sich alles blindlings gefallen läßt.

Alle diese Sachen aber verhehlte Johannes Mannheim sorgfältig den Seinigen, weil er den Schatz seiner Erfahrungen und seiner drüber angestellten Meditationen seinem Sohn als ein Erbstück hinterlassen wollte, das ihm noch nach seinem Tode zu einer Art von Führer und Schutzgeist durch die Welt dienen könnte. Wir werden in der Folge sehen, wie sein Sohn sich gegen das Andenken seines Vaters dankbar erwiesen.

Albertine aber, anstatt sich von dem Beispiel ihres Mannes warnen zu lassen, ließ sich von demselben anstecken, und Gedanken, die nie in ihrem Herzen aufgekommen waren, verderbten auf einmal die Unschuld ihrer Seele.

An einem schönen Sommerabend, da die kleinen gefleckten Wolken, wehmütig und rührend wie Engel, um die scheidende Sonne hingen, konnte sie ihrem Herzen nicht widerstehen; sie zitterte, nahm ihr Mäntelchen und ihre Kappe und ging ganz allein in die kleine Wiese hinten am

Hause hinaus, wo der Bach sich im Widerschein des Himmels wollüstig langsam dahin wand. Sie warf sich in ein Gesträuch, das neben ihm stand, und, fast wie der Allmutter Eva, nach Geßners reizender Beschreibung,* ihr erster Sohn ohne Schmerzen geschenkt ward, ward ihr hier das erste Gedicht verliehen, das sie, mit warmem schlagendem Herzen und sich jagenden Tränen auf den Backen, ihrem Mann und ihrer Freundin machte. Sie kam nach Hause; man sah eine außerordentliche Bewegung ihrem Gesicht an. "Was hast du?" fragte der Mann, der ihr im Hoftor entgegentrat. Sie wies ihm ihre kleine Täfelchen (Tablettes, wie man sie in Frankreich nennt), auf die sie mit Bleistift ziemlich unleserlich einige Verse geschrieben hatte, die sein sympathetisches Gefühl sogleich entzifferte. Ein langer Handdruck, eine stumme Umarmung waren der ganze Dank, den er ihr gab. "Ich werde sie abschreiben und deiner Freundin vorlesen", sagte er, und steckte die Täfelchen zu sich.

{* im Tode Abels.}

Das geschah. Aber er löschte die Bleistift aus und gab ihr die Verse nicht wieder. Sie bat ihn oft drum. "Ich will's dir vorlesen", sagte er, wenn sie's zu arg machte.

Nun fing sie an, öfter nach demselben Fleckchen zu gehn und sich dort in Begeisterung zu setzen. Sie machte in demselben Gesträuch ein Gedicht auf den Morgen, das sie ihrem Mann brachte. "Ich will's behalten", sagte er; "aber da, da und da hast du dieselben Gedanken wieder gebraucht, die im ersten waren, nur unter einem andern Kleide und du merkst wohl, daß das bei weitem nicht so herzlich ist.-Wenn ich dir raten kann, mach keine Verse mehr."

"Wenn es dir keine Freude macht", sagte sie mit einem etwas finstern Gesicht-"Nein, es macht mir keine", versetzte er mit

45

einem ungewöhnlichen Ton. Sie ging fort.

Das Fleckchen ward unaufhörlich besucht, und alle Sachen, die dort gemacht wurden, Lieschen vorgelesen, die sie denn, wie natürlich, alle außerordentlich fand und sich in ein dichterisches Entzücken darüber versetzte. Mannheim, der sie bisweilen behorchte, grämte sich innerlich.

Lieschen machte auch Verse. Sie wurden gegen ihn damit geheimnisvoll und zurückhaltend, aber sie waren es nicht gegen die Welt. Lieschen hatte einen Bekannten, der ein schöner Geist war. Dem wurden die Sächelchen zugeschickt. Er machte ein Wesens davon, daß die große Bühne des Himmels hätte einfallen mögen. Zu großem Glück fiel sein dithyrambischer Brief darüber Johannes Mannheim in die Hände. Er hatte ihn gerade an seine Heva gerichtet, und, da Mannheim in der Geschwindigkeit nicht nach der Aufschrift sah (denn er pflegte niemals Briefe an seine Frau aufzumachen), fiel ihm dieser Schlangenkopf gerade in die Augen, als er seinem Weibe den giftigen Apfel reichte. Er verbarg ihn in seinen Busen, ging zu seiner Frau aufs Zimmer und fragte, ob sie den Nachmittag spazierengehen wollte, er wollte sie in eine Gegend führen, wie sie in ihrem ganzen Leben noch nicht gesehen hätte. Nichts konnte der Frau willkommener sein, als ein so poetischer Antrag, wo sie neue Ideen zu einer Ode zu sammlen hoffte, die sie schon lange *über die Einsamkeit zu* machen willens war.

Alles ging erwünscht. Die Gegend war eine der furchtbarsten und wildesten im benachbarten Gebirge, die die schöpferische Einbildungskraft eines——sich je zu einem Macbethsgemälde hätte erfinden können. Es war ein zerstörtes Schloß auf einer Felsenhöhe, von der man ohne Schwindel nicht hinabsehen konnte. Die untenstehenden Fichten, die an ihrem Fuß unabsehbar sein mußten, erschienen hier wie kleine gedrückte Gebüsche. Unten stürzte sich ein Wasserfall von einer merklichen Höhe, dessen Rauschen hier kaum dem Summen eines Bienenschwarms gleichte. Albertine sah hinab und fühlte den Tod unter ihren Füßen. Ohne die gespannte Einbildungskraft, die sie mitnahm und die allen ihren Sinnen eine gewisse Stärke gab, würde sie diesen Anblick nimmer haben ertragen können. Auch sank sie von einem leichten Schwindel befallen an Mannheims Busen zurück, der stärker als sie in diesem Augenblick sie fest in seinen linken Arm schloß, mit der rechten aber das verhaßte Papier herauszog, es ihr vors Gesicht hielt und sie mit folgenden Worten anredete:

"Ungetreue! in dem Augenblick, da ich dir mein ganzes Leben aufopfere, täglich eine Last nach der andern wegwälze, damit das Gebäude unsers Glücks fest und dauerhaft stehen könne, mir Ruhe und Erquickung bis ins Alter versage, nur damit auch nach meinem Tode du und meine Kinder einen Witwensitz, eine Felsenburg haben, damit die jungen Adler hernach mit den ererbten väterlichen Fittichen auf ihren Raub herabschießen können—in dem Augenblick empfängst du Briefe mit der schwärmerischsten unsinnigsten Leidenschaft geschrieben von einem Menschen, der nicht wert ist, daß er unsere Kühe melkt, von einem Laffen, der dich seine Muse nennt und in seinem Leben noch keine andere Muse als seine Aufwärterin gehabt hat, der sich deinen Phaon nennt, und nicht weiß, ob der Phaon ein Bub oder ein Mädchen war."

Man stelle sich die Angst und das Schrecken unserer Albertine vor, als Mannheim ihr, nach dieser sehr ernsthaft gehaltenen Anrede, den auf den abgeschmacktesten dithyrambischen Stelzen gehenden Brief des jungen Violi vorlas, desselben, dem Lieschen ihre Oden und Lieder geschickt hatte, und der diese mehr als sapphischen

Akkorde aufs schleunigste in den nächsten *Almanach* und in das *Taschenbuch* einzusenden versprach. Sie konnte dem Menschen dafür nicht anders als gewogen sein, um so mehr befürchtete sie, die poetischen Ausdrücke des jungen Menschen hätten wirklich die Eifersucht des von Leidenschaften sonst so raschen Mannheims rege gemacht.

Ihre Angst ward vermehrt, als nach Endigung dieses Briefs sie
Mannheim fester in den Arm faßte, und, nachdem er sie ein wenig vom
Boden aufgehoben, mit erschrecklicher Stimme rief:

"Wohlan, wenn du denn die Rolle der Poetin spielen willst, so mußt du sie ganz spielen, wie sie ehemals die Griechin gespielt hat. Stürz dich herab von diesem Felsen, rufe deinen Phaon noch einmal an und sag ihm, daß du für ihn stirbst —"

Hier hob er sie höher; Lieschen, der Sehen und Hören verging, warf sich hinter ihm auf die Knie, hielt ihn am Zipfel des Rocks und schrie mit aufgehobenen Händen: "Barbar, kennst du keine Verzeihung—"

"Nein, ich kenne keine", rief er sehr nachdrücklich—indem er sich umkehrte und die Frau vom Berge herabtrug "weil ich niemals gezürnt habe." Das arme Weib war bleich und blaß, und Lieschen weinte: "Ich habe dich nur zur Poetin weihen wollen, Albertinchen", sagte er; "denn ich sehe, daß du eher nicht gescheut werden wirst, als bis du einen solchen Sprung getan hast. Wie gesagt, willst du unsere Sappho sein, so tu es ihr nach; sonst geb ich keinen Pfifferling für all deine Oden und Lieder. Willst du aber mein lieb Weibchen sein, so laß mich dem jungen Gelbschnabel seinen Brief beantworten; ich werde alles schon so einrichten, daß deine Reputation, auch als Schriftstellerin, nichts dabei verlieren soll." Albertine warf sich auf die Knie und bat ihn bei seiner Verzeihung, er möchte sie dieses Wort nicht wieder hören lassen. In ihrem Leben sei ihr kein Name unerträglicher vorgekommen.

Nach dieser Katastrophe wurden keine Verse mehr gemacht; wohl aber die alten Liederchen von Hagedorn, Uz und Gleim wieder vorgenommen und gesungen, auch bisweilen eine Ode von Klopstock gelesen, oder Goethens *Erwin* durchgespielt. Sie machten auch kleine Familienstücke für sich, die sie aufführten, wozu Mannheim mit seinen Freunden den Plan entwarf, jedes aber darnach seine Rolle selber ausarbeiten mußte. Hauptsächlich aber parodierten sie unnatürlich sentimentale Stücke auf ihre Art, wie z. E. den *Günther von Schwarzburg* und dergleichen, welches denn ein unversiegbarer Quell von Ergötzungen für sie ward.

Mannheims Söhnchen wuchs heran. Er erzog ihn selber, nicht, daß er ihn viel unterrichtete, sondern nur, daß er ihm die Bücher hingab, aus denen er lernen konnte, und ihm erlaubte, ihn zu fragen, wenn er nicht fortkam. Er hatte den Grundsatz, daß alles, was aus dem Menschen wird, aus ihm selber kommen muß, und daß seine Erzieher aufs Höchste nur als Stahl dienen müssen, etwas aus ihm herauszuschlagen. Zu dem Ende gab er wohl acht, daß der Bube in seiner Studierkammer, wo er ihm einige Bücher wie von ungefähr hingelegt, auch wohl gar diejenigen anzurühren aufs strengste verboten hatte, von denen er am liebsten wünschte, daß er sie läse; daß er, sage ich, auf dieser Stube von keinen unzeitigen Spielgesellen, oder von anderm Lärmen gestört wurde. Das war seine ganze Erziehung. Und sein kleiner Johannes, der ohnedem bei Tisch von hunderttausend Sachen sprechen hörte, die seine Neugier reizten, und kein Mensch, auch wenn er fragte, sich die Müh' gab, ihm ganz zu erklären, sondern ihn immer auf die

Universität und die berühmten Männer verwies, die davon geschrieben hätten, verschlang alle Bücher, die diesen Namen auf dem Titel hatten, mit einer Begierde, die ihn noch in seinem Knabenalter zu einem neuen Beispiel frühzeitiger Gelehrten machte. Nur zu gewissen Stunden des Tages war es ihm erlaubt, sich Gesellschaften zu suchen, wie und wo er konnte; die übrige Zeit mußte er zu Hause in seines Vaters Studierzimmer bleiben, wo er sich beschäftigen konnte, wie er wollte. Besonders muß ich's rühmen, daß ihm die Bibliotheken, die damals so häufig in Deutschland waren, sehr vorteilhaft gewesen, weil er dadurch und durch den witzigen Ton, der sie auszeichnete, auf hundert Sachen neugierig geworden war, die er sonst auch nicht gekannt hätte. Wiewohl mehr als alle das die Diskurse seines Vaters beitrugen, alle seine mit Mühe gesammleten Kenntnisse in Blut und Leben zu führen. Die Sprachen lernte der Bube alle von sich selbst, wiewohl ihm der Vater alle nur mögliche Hülfsmittel—nie aber Unterricht—gab, nur von Zeit zu Zeit diskursweise erzählte, wie er's in seiner Jugend gemacht, was für Hülfsmittel er gebraucht u.s.f. Er erlaubte übrigens dem Sohn, alle nur möglichen Fragen an ihn zu tun, wann und wo er wollte, und der bediente sich dieses Vorrechts oft, weil es ihm eine solche Miene von Altklugheit und Wichtigkeit gab, die seine kleine Eitelkeit kützelte. Sobald diese Eitelkeit dem Vater merklich ward, geschah—wiewohl immer mit Worten nur und allezeit an die dritte Person gerichtet—eine durchdringende Demütigung.

Dieses war derselbe Johannes Mannheim, der, nachdem er seine Rechte in Göttingen gemacht, mit einem jungen Herrn von seinem Hofe auf Reisen ging, und in Rom eine italienische Abhandlung *L'Ambassadore* drucken ließ, die ihm die Stelle als Sekretär seines Gesandten in Wien verschaffte. Weil er aber einer der ersten Köpfe seines Jahrhunderts war, so zeichnete er sich auch hier, nachdem einige Jahre Erfahrung ihm die Geschäfte des Hofes eigen gemacht und Blicke in die verborgensten Angelegenheiten desselben eröffnet hatten, von so viel empfehlenden Seiten aus, daß man ihm eine gewisse höchst wichtige Negoziation desselben bei den Generalstaaten ganz allein zu treiben übergab und ihm zu derselben den Titel eines außerordentlichen Abgesandten bewilligte. Das Glück und die Feinheit und Festigkeit, womit er dieses höchst wichtigen und zugleich äußerst mißlichen Auftrages, zur größten Zufriedenheit seines Hofes, sich entledigte, machte, daß er bei seiner Wiederkunft in den Freiherrenstand erhoben ward. Er erhielt Nachricht, seine Eltern wären krank; er kam und fand sie wirklich mit den heitersten Gesichtern einander gegenüber liegen und sich von Zeit zu Zeit noch mit den Händen winken und Küsse zuwerfen. Ihre Krankheit schien mehr die Ruhe zweier ermatteten Pilger, die beide unter der Last, die sie trugen, auf einem Wege niedergefallen. Schmerzen fühlten sie beide nicht; bisweilen ein wenig Angst und große Mattigkeit. Als sie ihren Sohn hereintreten sahen, nach dem sie beide oft heimlich geseufzt, und, weil es hieß, er würde eine neue Gesandtschaft antreten, seine Gegenwart vor ihrem Tode nicht mehr vermutet hatten, lief ein feuriges Rot zu gleicher Zeit über die beiden blassen Gesichter. Er warf sich wechselsweise, bald dem einen, bald dem andern zu Füßen; sie konnten nicht sprechen, sondern legten beide nur die Hand auf das Köpfchen, durch das so viel gegangen war, und segneten ihn mit ihren Blicken. Ob es die Freude über sein Wiedersehen war, sie starben beide desselben Tages. Johannes Sekundus konnte sich gar nicht trösten lassen. Er lief wie ein Verzweifelter durch alle Zimmer, wo er seine Kindheit zugebracht, rief ihre Namen den leeren öden Wänden des Hauses, allen Bäumen, Felsen und Gebirgen umher in lauter tränender Wehklage vergeblich zu. Lieschen, die lange Jahre vorher glücklich verheiratet

worden, kam mit ihrem Mann, ihm klagen und die Leichen
unter die Erde bestatten zu helfen. Bei der Eröffnung jedes
neuen Papiers von der Hinterlassenschaft des Vaters
verdoppelte sich sein Schmerz. \XDCberall fand er Spuren
des Andenkens an ihn. Er drung darauf, daß die Leichen
nach dem kleinen Witwensitz, den der alte Mannheim mit
seinem Assoziierten gemeinschaftlich gebauet, und Johannes
Sekundus sich als erb und eigen mit allem, was dazu
gehörte, von eben diesem Assoziierten gekauft hatte, geführt
werden mußten, wo er ihnen eine kleine Kapelle mit einem
Gewölbe zum Erbbegräbnis anlegte. An der Türe dieser
kleinen Kapelle standen die beiden Büsten dieses
unvergleichlichen Paars aus Marmor, die er schon bei ihrem
Leben von einem der ersten Künstler des Landes hatte
verfertigen lassen, und die unverbesserlich ausgefallen
waren. Bei dieser Kapelle erbauete er eine Art von Landhaus
mit einem schönen Garten, wo er seine Tage im Frieden
zuzubringen gedachte, wenn er der Welt müde wäre. Eine
ganz besondre Art hatte er, den Todestag seiner Eltern zu
feiern, auf die er sehr viel Kosten wendete. Alle drei Jahre
war die große Feier; er lud zu dieser ein Vierteljahr vorher
die berühmtesten Gelehrten, nicht allein seines Landes,
sondern auch der benachbarten Provinzen ein, die er acht
Tage lang auf die köstlichste Art bewirtete, da er bloß für sie
ein Gasthaus, das sonst nie bewohnt war, mit den
geräumigsten Zimmern hatte erbauen lassen, die Mahlzeit
aber immer, weil diese Zeit gerade in die Mitte des Sommers
fiel, in einem großen von Tannen und Wacholderstrauch
erbauten Saal auf dem Hofe gehalten wurde, dessen Boden
nur mit Rasen gepflastert war. Den ersten Abend nach ihrer
Ankunft tat die ganze Gesellschaft präzis um Mitternacht,
jedes einen Myrtenzweig in Händen, eine Wallfahrt zu der
Kapelle, wo sie von einer dazu neugesetzten Trauermusik
bewillkommt wurden. Die schwarzen Kleider, die Myrten
und die Fackeln, die alles dieses erleuchteten, gaben der

Prozession eine traurige Feierlichkeit, die auch die kältesten Herzen nicht ungerührt lassen konnte; hierzu kamen die Kräfte der Musik und der schmelzende Anblick kindlicher Zärtlichkeit, den ihnen Johannes Sekundus gab, der bei Endigung der Musik mit zerstreuten Haaren vor dem Bilde seines Vaters und seiner Mutter kniete, sie um ihre Fürbitte und um ihren Schutz und Begleitung durchs Leben mit den ungeschminktesten Worten ansprach, und gewiß sein konnte der Tränen, die die ganze Gesellschaft umher dem Andenken seiner Eltern geschenkt hatte. Hierauf legten sie alle ihre Myrtenzweige auf einen dazu von Erde erbauten Tisch und gingen alle tränenfröhlich wieder zurück, wiewohl den ersten Abend nur einige Erfrischungen herumgereicht, aber keine Mahlzeit gegeben wurde. Die andern Tage ging es desto lustiger, und sie wurden fürstlich bewirtet. Des achten Tages reisten alle fort, und nun ging die Mädchenfeier an. Er hatte nämlich ein Vierteljahr vorher die schönsten Mädchen, die ihm vornehmen und geringen Standes bekannt waren, mit ihren Müttern eingeladen; diese wurden auf dieselbe Art bewirtet, nur mit dem Unterschiede, daß sie bei der Prozession alle weiß gekleidet sein und jede einen Blumenkranz in Händen haben mußte. Die Feierlichkeit war dieselbe; nur geschahe sie nicht in der Nacht, sondern bei Sonnenuntergange. Die Büsten seines Vaters und seiner Mutter hatten Rosen um das Haupt gewunden; die Musik war fröhlicher und es ward eine Schäferkantate abgesungen. Das rührendste bei diesem Anblick waren zwei lange Ketten von Blumen, die von einer Büste zur andern gezogen, und womit sie gleichsam aneinander gebunden waren. Sobald die Jungfrauen ankamen, warfen sie ihre Kränze vor ihnen hin auf einen Haufen und tanzten hernach nach dem Schall der Flöten und Schalmeien um sie herum. Dieser Anblick war so reizend, daß er Zuschauer aus den entferntesten Ländern herbeizog, die sich lange vorher auf das *Johannisfest zu*

Adlersburg, so hieß dieses Leichenbegängnis, zu freuen
pflegten. Die Mütter schlossen einen großen Kreis um sie
herum. Es war ein besonderes Gerüst für die Zuschauer
erbauet. Nach Endigung dieses Tanzes, wobei jede Schöne,
wie natürlich, ihre zaubervollsten Stellungen sehen ließ,
hielt Johannes Sekundus ihnen eine Rede, worin er ihnen
dankte, daß sie Balsam in seine Wunde gegossen. Sobald sie
zurückgekommen waren, wurden sie, wenn es das Wetter
nur irgend erlaubte, in einem schönen Gehölze, das er bei
seinem Hause angelegt, unter beständiger Musik, mit Milch,
Obst und den ausgesuchtesten Erfrischungen bewirtet und
die Nacht war das Gehölz, das Haus, der Garten auf das
herrlichste erleuchtet, wobei die Musik nimmer ruhig ward.
Auf dem Flusse, der bei seinem Hause vorbeilief, warteten
ihrer mit Maien geschmückte Fahrzeuge, welche von
andern, die mit Musikanten besetzt waren, bald begegnet,
bald verfolgt wurden. Die Illuminationen taten im Wasser
herrliche Wirkung. Alles endigte mit Abfeurung von sechs
ansehnlichen Kanonen, das Signal zur Ruhe. Die übrigen
acht Tage dauerten die Feierlichkeiten fort, wenn anders
nicht einige von ihnen nach Hause eilten. Keine
Mannsperson aber ward anders als zum Zuschauer
hinzugelassen, für die, wie besagt, ein eigenes Gerüst bei der
Kapelle und ein anderes am Eingang des Gehölzes erbaut
war, an dem bei jeder Reihe Bänke zwei Mann Wache mit
scharfgeladenem Gewehr stunden, die Befehl hatten, auf
jeden zu feuren, der nicht in den Schranken, die mit allen
möglichen Bequemlichkeiten dazu erbaut waren, bleiben
würde. Die Zuschauer marschierten auch ordentlich unter
der Begleitung der Wache von einem Gerüste zum andern
und hatten ihren eigenen Gasthof, aus dem sie frei bewirtet
wurden. Es wurde ihnen nämlich in den Schranken kalte
Küche, Wein und Erfrischungen herumgereicht, wobei
freilich auf den Unterschied des Standes gesehen wurde, weil
jeder bei seinem Eintritt sich beim Kastellan unsers Johannes

gemeldet und von dem eine gewisse Marke seines Standes aufzuweisen haben mußte, nach welcher ihm hernach aufgewartet ward.

Man kann sich leicht vorstellen, daß die reizendsten Schönheiten des Landes hier ihre Zaubereien spielen ließen, und sich oft lange vorher zu diesem Tage zuschickten. Weil sie alle als Schäferinnen gekleidet und angesehen waren, so fielen hier, während daß die Feierlichkeiten dauerten, alle Erinnerungen des Standes weg, und ward bloß auf die Reize der Person gesehen, wo jede sich bemühte, es der andern zuvorzutun. Johannes Sekundus tat mehrenteils einige Monate vorher Reisen ins Land und in die Städte umher, um Priesterinnen zu dieser Feierlichkeit anzuwerben, welches diese sich für eine große Ehre schätzten, weil dadurch der Ruf ihrer Schönheit einen merklichen Zuwachs erhielt.

Die nachgelassenen Schriften seines Vaters und einige herzliche Gedichte seiner Mutter, die er zu diesem Ende unter den Papieren seines Vaters mit großer Sorgfalt aufgehoben fand, ließ er, mit ihren Bildnissen geziert, und mit einer Lebensbeschreibung, auf die er einen ganzen Sommer, den er sich von seinem Landesherrn ausgebeten, um den Brunnen zu trinken, verwendet hat, und aus welcher diese kurze Erzählung zusammengezogen ist, zu Amsterdam in zwei Bänden groß 8vo mit saubern Lettern auf schönem Papier drucken, und so endigte sich die Geschichte des Lebens und der Taten *Johannes Mannheim, Pfarrers von Großendingen.*

Anhang

Ich habe bei der Eilfertigkeit, mit der ich diese Geschichte aus der angeführten gedruckten Lebensbeschreibung zusammengezogen, einen Brief hineinzubringen vergessen, der in derselben gleichfalls, weil er nicht in Mannheims, sondern in den Papieren eines seiner verstorbenen Freunde sich gefunden, nur in einer Note angeführt worden. Es ist die Beschreibung einer Kirchenvisitation, welche der Spezial des verstorbenen Herrn Pfarrers das erstemal in seinem Kirchspiel gehalten. Ich will die interessantesten Stellen daraus kürzlich epitomieren.

Er erschrak sehr, heißt es in demselben vom Spezialsuperintendenten, der übrigens als ein sehr guter braver Mann drin geschildert wird, der aber vielleicht ebensowohl wegen Alters und Eigensinn, als weil er nicht Kraft genug hatte, ein Ansehn, welches er bloß eingerosteten Kirchengebräuchen zu danken hatte, gegen eines aufzuopfern, das, weil es dem Wohl des Ganzen ungleich zuträglicher war, freilich erst im Glauben und Hoffnung einer bessern Zukunft eingeerntet werden mußte, er erschrak sehr, heißt es, als er mich in seiner Gegenwart über *"die beste Art die Wiesen zu wässern"* predigen hörte. "Geht das alle Sonntage so", fragte er mit einem etwas herrischen Ton, als er in die Stube trat. Ich, der diesen Ton an keinem Menschen gewohnen kann, antwortete ihm mit sehr viel Zuversichtlichkeit im Blick: "Nicht anders, Herr Spezial!" Er, der diese wenigen Worte für Trotz nehmen mochte, sagte mir hierauf mit gezwungener Überhöflichkeit: Er werde sich genötigt sehen, diesen Vorfall ans Oberkonsistorium zu referieren, und es würde ihm leid tun, mich nach einem halben Jahr vielleicht sehr wider meinen Willen genötigt zu sehen, wieder über die armseligen Sonn- und Feiertagsevangelien zu predigen. Es würde mir leid tun, antwortete ich, jemals auch nur den geringsten Verdacht erweckt zu haben, daß meine gegenwärtige Art zu predigen eine Geringschätzung des heiligsten aller Bücher und in diesem der mit so schöner Auswahl für die allgemeine Andacht von der urechten christlichen Kirche vorgeschriebenen Stellen vermuten lassen könnte; auch würde mir niemand mit Recht vorwerfen, daß ich nur einen Sonntag unterlassen, das dafür bestimmte Evangelium abzulesen, wiewohl ich meine Ursachen hätte, allemal nicht nach vorgeschriebenen, sondern nach zufälligen Veranlassungen meine öffentlichen Reden an meine Gemeine einzurichten.

"Ja, Ihre Gemeine wird schön in der christlichen Religion unterrichtet werden. Auch finde ich, daß Sie nicht das mindeste tun, was in der Kirchenordnung vorgeschrieben worden. Sie halten weder Katechismusexamina noch irgend eine andere Art von Kinderlehre des Sonntags, dieses kann nichts anders als die gröbste Unwissenheit, ich will auch nur sagen in den ersten und notwendigsten Wahrheiten unsers Glaubens nach sich ziehen."

"Mein Herr Spezial", antwortete ich ihm, "was die Geheimnisse unserer Religion betrifft, so erkläre ich sie meiner Gemeine nach ihrem Fassungsvermögen und soweit sie erkläret werden dürfen nur an den hohen Feiertagen, wo ich auch hernach mit den Kindern eine katechetische Wiederholung darüber anstelle. Denn ich habe mir sagen lassen (es war derselbe Propst, dessen Tochter Johannes ehmals den Beutel gestrickt), daß das Subjekt *Geheimnis* sich mit dem Prädikat *darüber plaudern* nicht allzuwohl zu vertragen pflege, daß also alle acht Tage über Geheimnisse zu reden dem Prediger leicht das Ansehen eines geistlichen Scharlatans geben könne."

"Mein Herr, mein Herr", sagte der Spezial, außer aller Fassung, der durch die Einkleidung dessen, was Mannheim ihm zu sagen hatte, schon halb für seine Meinung gewonnen war; itzt aber die Pille unter dem Honig zu

57

fühlen anfing.

"Hören Sie mich aus", fuhr ich fort, "ich habe meinen
Bauren nötigere
Sachen zu sagen—"

"Was kann nötiger sein als der Weg zur Seligkeit", erwiderte
er mit
Heftigkeit. "Wenn einer die ganze Welt gewönne—"

Hier hielt er inne. Ich fuhr mit Nachdruck fort: "Und litte
Schaden an seiner Seele. Dazu aber soll es, hoffe ich, bei uns
nicht kommen. Erlauben Sie mir, Ihnen eine Geschichte zu
erzählen—"

"Nein, nein, nein", sagte jener, "ich sehe schon, wer Sie sind,
und dem muß gewehrt werden."

"Ich bin Mannheim", gab ich zurück.

"Dem muß gesteuert werden", versetzte er.

"Meine Geschichte müssen Sie aushören", sagte ich. "Es war
ein Mensch in einer wüsten Insel und hatte in zwei Tagen
kein Wildpret gefangen. Bei dem heftigsten Anfall des
Hungers stieß ein Brett mit einem Missionär ans Land, der
Schiffbruch gelitten hatte, der Missionär freute sich, eine
Seele mehr zu gewinnen, ging auf ihn zu, und fragte ihn
über die ersten Grundsätze seines Glaubens. Er wollte essen,
sagte der andre. Dieser fing an, ihm den katholischen
Lehrbegriff vorzutragen, der Proselyt packte ihn und fraß
ihn auf. So könnte es uns mutandis mutatis mit unsern
Bauren gehen, wenigstens kann der Trost der Religion,
sobald man den Leuten nicht Aussichten weißt, durch ihr
inniges Vertrauen auf Gott die ersten und notwendigsten
Bedürfnisse ihres Lebens zu befriedigen, nicht anders als
höchst unkräftig sein. Wir finden auch, daß Christus und

seine Apostel nicht so gepredigt haben. Christus fand seine Jünger, die die ganze Nacht nichts gefangen hatten, und ließ sie einen reichen Zug tun, der Apostel sagt ausdrücklich, die Gottseligkeit habe die Verheißung dieses—und des zukünftigen Lebens."

"Schämen Sie sich nicht, Ihre Inorthodoxie noch durch die Bibel zu beschönigen."

"Ich bin weder inorthodox, noch brauche ich etwas an mir zu beschönigen. Wo will sich die Religion äußern, wo soll sie ihre Kraft und Wirksamkeit beweisen, wenn wir sie als einen abgezogenen Spiritus in Flaschen verwahren und nicht sie durch unser ganzes Leben und Gewerbe dringen lassen. Den Bauren zu weisen, daß Religion geehrt und reich mache, heißt ebensoviel als Kindern Brot und Spielwerk hinlegen, wenn sie artig gewesen sind."

"Wollen Sie die erste Quelle aller Moral verderben", sagte der wirklich gut meinende Spezial.

"Die Stimmung des Herzens", erwiderte ich, "die alle dieser Vorteile entbehrt, freiwillig entbehrt, sobald ein Recht dadurch gekränkt oder die Gottheit dadurch beleidigt wird, kann auf keine andere Weise hervorgebracht, oder wenn sie da ist, geprüfet werden, als wenn ich bei meinen Bauren gehörige Begriffe von dem, was zeitlicher Wohlstand ist, gehörige Kraft und Anwendung dieser Kraft, ihn zu erreichen, voraussetze. Der Bettler glaubt den Himmel am allerersten und geschwindesten, aber es ist denn auch nur ein Himmel für Bettler.

Diese Stimmung in ihnen hervorzubringen, ist meine einzige Absicht. Ich habe zu dem Ende ein geheimes Tribunal bei mir errichtet. Jeder, der etwas über seinen Nachbar zu klagen hat, kommt zu mir, und kann nicht allein des unverbrüchlichsten Stillschweigens bei mir versichert sein, sondern auch daß ich ihm viel geschwinder zu seinem Recht verhelfen werde, als der Advokat vor den Gerichten. Ich gehe zu dem Verklagten, ich gewinne ihm sein Vertrauen ab, ich höre, ob er nicht vielleicht ebensoviel Beschwerden gegen seinen Ankläger hat. Habe ich die wahre Gestalt der Sache erfahren, und alle meine besondern Versuche sind vergebens, den Schuldigen zu seiner Pflicht zurückzubringen, so bring ich die Sache unter irgend einer Einkleidung auf die Kanzel, und weise aus den allgemeinen Wahrheiten unsrer Religion das Verdammliche oder vielmehr das Schädliche dieser und jener Handlung in ihren Folgen. Da dünkt mich's Zeit, allgemeine Wahrheiten vorzutragen, und mit Erfolg. Denn entspricht hernach die Erfahrung der Menschen dem, was wir ihnen voraussagten, so gräbt sich die Religion weit tiefer in ihr Herz, als irgend etwas, so sie auswendig gelernt haben. Ich habe die frappantesten Beweise davon gehabt, und diese haben mich in dieser Methode so sehr bestätigt, daß ich sie vermöge meines Gewissens nimmer abändern werde, was auch die Obern mir darüber jemals ankündigen mögen."

"Was können Sie für Beweise davon haben?"

"Ich will Ihnen gleich ein ganz frisches Exempel anführen. Einer von unsern Bürgern ward beschuldigt, er hätte verschiedenes von den Gütern seines Mündels, eines guten einfachen unschuldigen Mädchens, veruntreut. Man konnte nicht sagen wo, es waren aber merkliche Anzeichen da, daß das Mädchen, das immer still und ordentlich gelebt, seit der Zeit seiner Vormundschaft um ein beträchtliches ärmer geworden. Als alle meine Kunst vergebens war, ihn selbst zu dem Geständnis zu bringen, erzählte ich den letztern Sonntag eine Geschichte, die mir noch von meiner Jugend her bekannt war, von einem Bedienten, der einen ohnehin armen Herrn um sein Letztes bestohlen, damit in fremde Länder gegangen und durch Fleiß und Ordnung ein großes Vermögen erworben. Er heiratete, bekam Kinder—auf einmal wachte sein Gewissen auf, er mußte zurück und seinem Herrn nicht allein das Gestohlne wiederbringen, nicht allein die Zinsen des Gestohlnen, sondern—alles, alles was er selbst dadurch erworben, und er, sein Weib und Kinder waren an den Bettelstab gebracht. Umsonst suchte sein Herr ihm wenigstens die Hälfte davon wieder aufzudrängen, er verdiente diese Strafe, sagte er, und könne nicht anders hoffen, seine Seele zu retten. Er wollte nun von vorn anfangen, wie er damals würde haben tun müssen, zu versuchen, ob er mit nichts als seiner Hände Arbeit etwas für seine Kinder ausrichten könnte. Diese Geschichte tat ihre Wirkung. Der Vormund kam und brachte mir folgenden Tages das unterschlagene Geld, mit Bitte, es dem Mädchen, das Braut war, unter fremdem Namen als ein Geschenk zuzustellen. Ich sah ihm ins Gesicht und warf's ihm vor die Füße. "Blutgeld", sagte ich, "ist's, sobald Ihr damit den Himmel wiederkaufen wollt, den Ihr verloren habt. Ihr habt nicht Menschen, sondern Gott gelogen."—Es fehlte nicht viel, so wär' er bei diesen Worten, deren er sich nicht versah, ohnmächtig niedergefallen. Ich ging aus dem Zimmer und ließ ihn allein. Erst nach einer halben Stunde war er fortgegangen. Den andern Tag ließ er mich zu sich rufen, er läge krank und glaubte den Tag nicht zu überleben. Als ich in die Stube trat, fragt' er mich mit gefalteten Händen, was ich wollte, daß er tun sollte. Hier hielt ich's für Zeit, ihm zu predigen, daß die Gerechtigkeit nichts als die Austeilerin der Liebe sein darf, daß keine Liebe ohne Gerechtigkeit bestehen könne, daß es aber eine Gerechtigkeit ohne Liebe gebe, in die sich der Teufel kleidet, wenn er als Engel des Lichts erscheint. Gestohlnes Gut wiedererstatten, um nicht verdammt zu werden, hieße ebensoviel, als einem Menschen die Kehle nicht abschneiden, weil die Büttel hinter uns

61

dräuten. Sich aber auf diese Wiedererstattung was zugute tun, hieße Gott betrügen wollen, der nicht zu betrügen ist. Er weinte und fragte, was er tun sollte. Ich sagte, "fragt Euer Herz und dann gebt Ihr mit Aufrichtigkeit ohne Furcht und ohne Zwang so viel, als dieses Euch heißen wird, und seid versichert, daß Gott nicht das Opfer ansehen werde, sondern die Gesinnung, mit der es geopfert ward." Er hat, wie ich höre, seitdem mit den jungen Eheleuten sich assoziiert, ihnen ein Stück seines Ackers zu bauen umsonst überlassen, und will mit aller Gewalt, daß sie auch mit ihm ein Haus beziehen sollen, wo er für nichts als den Tisch Bezahlung nehmen will."

"Ja, das gelingt einmal", sagte der Spezial; "das gelingt immer", sagte ich. "Nur unser Unglaube an die Menschheit macht, daß sie so böse ist. Ohne eine gewisse Anlage zum Guten können ja die tierischen Operationen in dem Menschen nicht einmal vor sich gehen, es kommt also darauf an, daß wir diese treffen, so haben wir den halben Weg zu seiner Besserung gewonnen.

Und welches Mittel ist kräftiger, uns über die andere Hälfte zu bringen, als wenn wir ihm Schaden und Vorteil zu zeigen wissen, wie sie in die Moralität seiner Handlungen verflochten sind. Daß alle Arbeit sich geschwinder fördert, wenn die Kräfte rein gestimmt sind, daß der Geist tausend Springfedern des Glücks entdeckt, wenn er frei von Furcht und Gewissensangst alles um sich hier mit Liebe ansieht, daß die Liebe dem Feuer der Sonne gleiche, durch welches die ganze Natur ihr Dasein erhält u.s.f."

"Ich frage Sie nur", versetzte der Spezial, "ob Sie Seelsorger oder
Verwalter Ihrer Gemeinen sind."

"Beides", antwortete ich.

"Ich frage Sie nur, ob die Seelen Ihrer Gemeine dadurch gebessert werden, wenn sie wissen, wie sie ihren Acker zu bestellen, ihre Wiesen zu wässern haben."

"Wäre es auch nichts weiter, Herr Propst, als daß ich durch Mitteilung dieser Kenntnisse eine Herrschaft über ihre Seelen erlangte und heilsamern Wahrheiten den Weg bahnte, so müßte diese Methode schon alle Ehrfurcht verdienen. Wenn ich nun aber meiner Gemeine noch überdem durch mein Beispiel weise, wie die Sorge fürs Zeitliche mit dem Gefühl für andere und deren Glück zu vereinigen, und ich nicht weiter anzusehen als ein Haushalter, dem mehrere Macht anvertraut worden, Menschen sowohl durch Mitteilen und Vorschuß meiner Güter als meiner Kenntnisse und Erfahrungen glücklicher zu machen, von dem also auch mehr gefodert wird, wenn ich außer den sonntäglichen noch alle Mittewoche und Sonnabend Versammlungen in meinem Hause, jedesmal von einer andern Partei Bürger halte, um auf ihre Sitten und Geschmack zu wirken, weil auch der Landmann, um glücklich zu sein, seinen Geschmack haben muß, in diesen bald etwas aus der Zeitung, bald etwas aus einer andern periodischen Schrift, das faßlich für sie ist, bald aus einem guten Roman von Goldsmith oder Fielding eine ihnen begreifliche Stelle vorlese, und alle diejenigen von dieser Gesellschaft ausschließe, die sich irgend einer Lieblosigkeit schuldig gemacht; wenn ich des Sonntags selbst mit wirtschaftlichen Dingen geistliche bald vermische, bald abwechsele, bald bloß in die Besserung und in den Anbau des Herzens und der Liebe übergehe."

Hier nahm der Spezial seinen Hut und ging fort, und bis dato ist mir noch keine Erinnerung geschehen.

www.ingramcontent.com/pod-product-compliance
Lightning Source LLC
Chambersburg PA
CBHW031746090426

42739CB00008B/894